FLÄCHENBRAND

Kriminalroman von Moa Graven

Impressum
FLÄCHENBRAND
Ein Fall für Profiler Jan Krömer - Band 05
Kriminalroman aus Ostfriesland von Moa Graven
Alle Rechte am Werk liegen bei der Autorin
Erschienen im cri.ki-Verlag Leer (Ostfriesland)
August 2016
ISBN 978-3-945372-82-1
Umschlaggestaltung: Moa Graven

Zum Inhalt

Sie wurden brutal ermordet und misshandelt. Wahllos aus der Gesellschaft herausgepickte Opfer in Ostfriesland, denen offensichtlich niemand nachtrauert. Denn nicht einmal ihre genaue Identität lässt sich herausfinden. Warum also werden sie getötet?
Jan Krömer und seine Kollegin Lisa Berthold stehen vor einem Rätsel. Treibt ein bestialischer Serienkiller sein Unwesen? Und wen wird es als nächstes treffen?
Einen ersten Anhaltspunkt sehen die Ermittler in einer Wohngruppe in Tannenhausen. Hier betreut die gebürtige Amerikanerin Alex Crane schwierige Jugendliche, die es bisher nicht leicht hatten im Leben. Aber sind sie auch solchen Taten fähig? Und was hat Alex Crane mit einem ominösen Psychiater zu tun?

Chief

Der Wasserhahn tropfte. Noch im Halbschlaf zählte Jan Krömer die Wasserplatscher mit, wenn sie im Emaillebecken auftrafen. Dann rieb er mit der Hand über sein Gesicht und schlug die Augen auf. Er lag auf seinem Sofa, aber das war nicht seine Wohnung. Er blinzelte. Die aufgehende Sonne schien in das große Fenster und blendete ihn. Erst jetzt kam er zu sich und erinnerte sich, dass er umgezogen war. Seit einer Woche wohnte er in einem alten abgelegenen Hof in Tannenhausen. Er hatte die Enge in dem Mehrfamilienhaus in Aurich nicht mehr ausgehalten. Auch wenn er zu seinen Nachbarn gar keinen Kontakt hatte, fühlte er sich bedrängt von ihnen. Alleine, weil sie in seiner Nähe waren. Manchmal hatte er das Gefühl gehabt, dass sie ihre Ohren an die Wand legten, um zu hören, was er dachte.

Und auch, wenn Wübbo Freese in Friesland zu einer traurigen Figur geworden war, als sie ihn im letzten Fall alleine tot mit starrem Blick an seinem Küchentisch gefunden hatten, so hatte dieser alte Mann bleibende Spuren bei Jan hinterlassen. Auf skurrile Weise wünschte er sich genauso ein Leben. Alleine. Endlich wieder atmen können.

Jan brauchte nicht lange zu suchen. Alte leere Höfe gab es viele in Ostfriesland. Die Menschen wollten nicht mehr so abgeschieden leben. Sie wollten dahin, wo das Leben tobte. Der Makler des Hofes in Tannenhausen, den Jan im Internet aufgestöbert hatte, wehrte zunächst ab. Ein Mann mit seinem Job und dem Gehalt, der könne sich doch wahrlich etwas anderes als einen heruntergekommenen Hof leisten. Doch für Jan war es genau das Richtige. Er unterschrieb nach drei Tagen und beauftragte ein Umzugsunternehmen, seine wenigen Möbel nach Tannenhausen zu transportieren. Er ließ das Sofa mitten in den größten Raum stellen, der früher bestimmt einmal als Begegnungsstätte für die ganze Familie gedient hatte. Früher. Familie. Jan konnte mit diesen Begriffen nichts anfangen.

Er stand am Fenster und sah ins Grüne. Nur Wiesen und Bäume. Er atmete tief durch. Sicher würde er hier auch Rehe spazieren gehen sehen, wenn er früh genug aufstand. Er wunderte sich, dass er nicht eher auf die Idee gekommen war, aufs Land zu ziehen. Er sah sich in dem Zimmer um. Die Tapeten waren vergilbt. Das Muster mit angedeuteten lila Blumen war nur noch zu erahnen. Er würde tapezieren müssen. Irgendwann. Am besten gefiel ihm der Holzfußboden. Er war total verschlissen und ein

Handwerker hätte sicher nicht an sich halten können, hier zur Tat zu schreiten. Doch für Jan war es genau richtig, so wie es war. Erst jetzt nahm er den Wasserhahn wieder wahr, der ihn geweckt hatte. Er tropfte noch immer. Doch es störte ihn nicht mehr. Es gehörte zum Hof. Es gab eigentlich nur noch eine Sache, die hier fehlte, ging es ihm durch den Kopf.

Eine Stunde später stand Jan Krömer vor dem Tierheim in Aurich.

Das viele und aufgeregte Bellen, das ihm entgegenschlug, als er aus dem Wagen stieg, irritierte ihn. Waren die Hunde nicht glücklich? Es würde schwer werden, sich nur einen aus ihrer Reihe auszusuchen und die anderen hier zurückzulassen. Nur für den Bruchteil einer Sekunde überlegte er, einfach wieder in den Wagen zu steigen. Dann drückte er auf den Klingelknopf am Hoftor.

Ein junges Mädchen in schwarzer Kleidung machte ihm auf. An ihre Schulter klammerte sich eine weiße Ratte, die Jan neugierig ansah.

»Hallo, ich interessiere mich für einen Hund«, sagte er, als sie ihm aufschloss.

»Das ist schön, dann hat es bald vielleicht wieder einer geschafft«, sagte sie und sah ihn emotionslos an.

»Geht es den Hunden hier denn so schlecht?«, fragte er. Er hatte angenommen, dass in einem Tierheim nur fröhliche Menschen arbeiteten. Warum, das wusste er nicht. Aber das Mädchen vor ihm machte den Eindruck, als habe man sie unter Betäubungsmittel gesetzt.

»Nein, es geht ihnen nicht schlecht«, antwortete sie und lief zu den Gehegen voraus. »Aber wer ist schon gerne alleine eingesperrt?«

Tja. Wer?

Jan erkannte, dass er die falschen Fragen stellte.

»Bestimmt niemand.« Er wollte ihr keine Antwort schuldig bleiben.

»Wie groß soll der Hund denn sein?« Sie strich mit der Hand über den Rücken ihrer Ratte.

Jan zuckte mit den Schultern. »Darüber habe ich eigentlich noch gar nicht nachgedacht. Aber ich habe eine Menge Platz auf einem großen Hof. Dann darf der Hund sicher auch ruhig ein bisschen größer sein.«

»Da wäre sicher ein Wachhund nicht schlecht«, meinte sie und zeigte zu einem großen alleinstehenden Zwinger, wo Jan im ersten Moment keinen Hund entdeckte. »Kommen Sie ...«

Jan lief hinter ihr her. Die Ratte drehte sich zu ihm um.

Vor einem weißen Schild blieb das junge Mädchen stehen und las vor:

»Chief, Fundhund, geschätztes Alter sieben bis acht Jahre, Mischung aus Schäferhund, Dobermann und möglicherweise auch Bernhardiner. Ist meistens umgänglich und liebt lange Spaziergänge. Bitte nicht zu kleinen Kindern und Katzen.«

Nicht zu Katzen, dachte Jan. Und dabei gehörte doch auf jeden Hof auch eine Katze.

»Wie alt kann so ein Hund denn noch werden?«, fragte er.

»Das kommt ganz darauf an, wie er gepflegt wird.«

»Und wo ist Chief jetzt?«

»Er hat sich offensichtlich in seine Box verzogen. Meistens kommt er erst gegen Abend raus.«

Das gefiel Jan. Er hatte also nicht zu den Kläffern gehört. Langsam wurde er richtig neugierig auf das Tier.

»Chief!«, rief das junge Mädchen. »Komm doch mal raus, du alter Brummbär. Hier ist jemand, der dich unbedingt kennen lernen möchte.«

Na ja, unbedingt, dachte Jan.

Es tat sich nichts.

»Dann muss ich wohl mal reingehen«, sagte sie und verschwand.

Jan sah sich um. Aus anderen Zwingern sahen ihn einige braune Augenpaare neugierig an. Er hatte gewusst, dass es ein Fehler gewesen war, den Blickkontakt zu suchen. Am liebsten hätte er sie alle in seinen Wagen geladen. Er hatte doch Platz genug. Wie sollte man sich bei so vielen Schwanzwedlern denn für einen entscheiden? Wie brachte man es übers Herz, nur einem die Freiheit zu geben?

Dann hörte er, wie das junge Mädchen wieder heraus kam. »Er kommt gleich«, sagte sie, als habe sie ihren Großvater aus dem Mittagsschlaf geweckt. Wie entschied ein Hund, dass er gleich nach draußen käme?

Gespannt sah Jan auf die Luke, wo das wundersame Wesen gleich zu erschienen gedachte. Die Klappe bewegte sich tatsächlich und schob sich langsam nach oben.

»Das ist Chief«, sagte sie freudig. Es waren wohl nur Tiere, die ihr ein Lächeln entlocken konnten.

Ein Hund in den Farben schwarz, weiß und braun quälte sich durch die Öffnung. Er hatte eigentlich keine Lust, das sah Jan ihm ganz eindeutig an. Es war nicht seine Zeit. In aller Seelenruhe legte er die Vorderläufe nach vorne und streckte sich ausgiebig. Ein imposantes Tier, das erkannte Jan sofort. Würde er damit überhaupt fertig werden? Er hatte noch nie einen Hund gehabt, seitdem er erwachsen war.

»Nun komm doch mal her du alter Langschläfer«, lockte das Mädchen und streckte ihre Hand durch das Gitter. Chief setzte sich in Bewegung. Völlig ruhig und unaufgeregt trottete er auf sie beide zu.

Als Jan das erste Mal Augenkontakt zu Chief aufnahm, war die Sache besiegelt.

Auf dem Rückweg zu seinem Hof hielt Jan bei einem Einkaufszentrum, bei dem es alles gab, was Chief brauchen würde.

Der Hund hatte sich auf dem Rücksitz zusammengekauert und schlief. Nur ab und zu, wenn Jan abbremste, schlug er kurz die Augen auf.

Im Tiershop bezahlte Jan zweihundertfünfzig Euro für eine Erstausstattung für einen neuen Hund in der Familie, wie die Verkäuferin empfohlen hatte.

Er hatte Schwierigkeiten, den riesigen Hundekorb in den Kofferraum seines alten V70 zu bekommen. Chief kam müde hoch und betrachtete das Schauspiel, indem er seinen Kopf auf die Rücklehne legte. Schon in diesem Augenblick wusste Jan, dass der Hund niemals auch nur einen Fuß in diesen albernen Korb setzen würde. Das rotgestreifte Kissen war Jan geradezu peinlich und er stopfte es schnell außer Sichtweite von Chief. Vielleicht würde er die Sachen einfach im Kofferraum lassen und bei nächster Gelegenheit als Spende zum Auricher Tierheim bringen.

Während der weiteren Fahrt redete Jan mit dem Hund. Er erzählte ihm, was ihn für ein tolles Zuhause erwartete. Dass es ein riesiger Hof sei und dass er sämtliche Freiheiten habe, wenn er sich benehmen würde. Er fragte Chief, ob sie nicht vielleicht doch über eine Katze ins Geschäft kommen könnten. Dafür würde es dann auch einen Extra-Riesenknochen geben, wie er hinten im Kofferraum mit anderem Verwöhnmaterial in einer großen Tasche lag.

Chief sagte zu alldem nichts. Ab und zu hob er seinen großen schweren Kopf und sah aus dem Seitenfenster.

Jan freute sich darüber. Zeigte es doch, dass Chief langsam auftaute und Interesse an seiner Umwelt hatte.

Dann hielt er endlich vor seinem Hof und stieg aus. Er hielt Chief die Tür auf und der Hund stieg gemächlich aus. Das erste, was er draußen machte, war, gegen die große alte Kastanie zu pinkeln. Die gehörte jetzt ihm.

Dienststelle Aurich

Lisa Berthold hatte die SMS, dass Jan sich etwas verspäten würde, vor zwei Stunden gelesen.

Und so langsam wunderte sie sich schon, wo Jan so lange blieb. Letztlich war es ja seine Sache, wenn er etwas zu erledigen hatte. Und einen aktuellen Fall, an dem sie so richtig intensiv arbeiten konnten, gab es zurzeit auch nicht. Und vielleicht war es gerade das. Sie langweilte sich einfach. Sie hatte bereits siebenhundertachtzigtausend Punkte in einem Onlinespiel gesammelt und jetzt die Nase voll davon.

Ob Jan vielleicht zu Katrin nach Leer gefahren war? War da vielleicht etwas nicht in Ordnung? Sollte sie mal bei der Kollegin anrufen? Nein, entschied sie schnell. Wie sähe das denn aus, wenn sie Jan quasi hinterher spionierte. Schaff dir endlich ein eigenes Privatleben an, Lisa, dachte sie bei sich, dann musst du dich auch nicht in das der anderen einmischen.

Sie holte sich einen Kaffee aus dem Automaten und setzte sich damit wieder an ihren PC. Vielleicht würde sich ja in der neuen Fahndungsliste etwas für sie finden.

Ihr Handy piepte, sie hatte eine SMS erhalten. Sie las: »Wird heute wohl nichts mehr. Wenn was Dringendes ist, ruf mich bitte an. Jan.«

Was war da bloß los? In ihr kroch ein unsicheres Gefühl hoch. Ging es Jan vielleicht nicht gut und er traute sich nur nicht, sie um Hilfe zu bitten? Das jedenfalls wäre typisch für ihn. Wenn er bei Katrin wäre und in Leer bleiben wollte, dann würde er es sicher nicht verheimlichen.

Lisa hielt es einfach nicht mehr aus, schnappte sich ihren Parka und lief zum Wagen.

Als sie bei Jans Wohnung ankam, war sein Wagen nicht da. Wo war er bloß? Was sollten diese blöden Nachrichten? Sollte sie jetzt in Panik geraten oder sauer sein?

Wie dem auch sei, sie hatte keine Lust mehr auf dieses Spielchen. Sie nahm ihr Handy und wählte seine Nummer. Nach dreimaligen Klingeln nahm er ab.

»Das ging ja schnell«, sagte er lachend in ihr Ohr. »Wen hat man umgebracht?«

Die gute Laune ging ihr jetzt schon auf den Geist. Und das passte doch auch gar nicht zu Jan, so ans Telefon zu gehen. Hatte er etwa getrunken?

»Es ist keiner gestorben«, sagte sie und verkniff sich weitere Kommentare. »Ich wollte einfach wissen, was los ist. Warum bist du nicht im Dienst?«

Am anderen Ende blieb es einen Moment still.

»Was ist los, Lisa?«, fragte Jan schließlich. »Es ist doch nicht das erste Mal, dass einer von uns nicht in die Dienststelle kommt, wenn nichts los ist.«

Natürlich hatte er recht. Und mit jedem Wort, das sie jetzt sagte, machte sie alles nur noch schlimmer.

»Ich ... also, ich bin ...«, druckste sie herum.

»Du bist was? Ist dir etwas passiert? Soll ich irgendwo hinkommen?«

Sie fuhr sich mit der freien Hand durchs Haar. Sie konnte ja jetzt nicht einfach auflegen. Aber was sollte sie sagen?

»Hm ... also, ich ... ich stehe hier vor deiner Wohnung, dein Wagen ist nicht da.«

Jetzt verschlug es Jan die Sprache.

»Du stehst wo? Vor meiner Wohnung? Was ist denn los?«

»Ach, ich weiß auch nicht. Es war so scheiße langweilig in der Dienststelle«, platzte es Lisa heraus. »Und da dachte ich, ich fahr einfach mal bei dir vorbei. Ich wollte dir nicht nachspionieren, echt nicht.«

»Mensch Lisa«, sagte Jan. Er hatte ihr noch gar nichts von seinem Umzug erzählt und bekam jetzt direkt ein schlechtes Gewissen. »Weißt du, ich wohne gar nicht mehr in Aurich.«

Lisa zog sich am Lenkrad hoch. »Was soll das heißen, du wohnst nicht mehr in Aurich?«

»Ich habe mir vor einiger Zeit einen alten Hof gekauft und bin umgezogen«, sagte er wahrheitsgemäß.

»Du verarschst mich jetzt doch, oder? Du kannst ruhig sagen, wenn du in Leer bei Katrin bist.«

Jan lachte auf. »Ach Lisa, manchmal bist du wirklich zu köstlich ... nein, es stimmt wirklich. Ich wohne jetzt praktisch alleine auf weiter Flur in Tannenhausen.«

Lisa konnte es immer noch nicht so ganz glauben. Aber als sie ihren Blick jetzt nach oben zu seiner Wohnung wandern ließ, da entdeckte sie Blumen im Fenster. Es musste also tatsächlich stimmen.

»Wieso hast du denn nichts gesagt?«, fragte sie kleinlaut. »Ich mache mich hier gerade zum Affen, ist dir das eigentlich klar?«

»Ach Quatsch, komm doch einfach zu mir, dann trinken wir einen Kaffee.«

Er horchte in den Hörer und wartete eine ganze Weile auf ihre Antwort.

»Na gut«, sagte sie schließlich. »Die Adresse?«

Er nannte sie ihr und sie legte auf.

Eigentlich hatte Jan sie noch auf Chief vorbereiten wollen. Er wusste ja nicht einmal, ob sie nicht Angst vor großen Hunden hatte.

Chief hatte sich im Haus umgesehen und sich dann schließlich auf das alte Sofa gelegt.

Jan hantierte an der Kaffeemaschine und suchte nach zwei Bechern in einem der Umzugskartons, die noch im Flur standen. Den einen, den er jeden Tag benutzte, hatte er bisher nicht einmal abgewaschen.

Dann hörte er draußen einen Wagen vorfahren. Es war Lisa. Er lief zur Tür und machte auf.

»Ist das dein Ernst?«, war das Erste, was Lisa sagte.

»Mein voller«, antwortete Jan, »dieser Hof ist wie für mich gemacht.«

»Mir ist kalt.« Sie zog ihren Parka fester um sich.

»Dann komm rein, aber ich muss dir noch etwas sagen. Magst du eigentlich Hunde?«

»Hunde?«, wiederholte Lisa. »Sicher, wer mag die nicht.« Sie lief mit in den Flur. »Sag mal, hier es ja fast noch kälter als draußen. Hast du keine Heizung?«

»Nur einen Ofen, aber bisher hatte ich noch keine Zeit, mich um Holz zu kümmern.«

Lisa hörte gar nicht mehr hin und lief staunend von einem Zimmer zum anderen.

»Du hast einen Hund!«, rief sie aus, als sie in der Küche ankam.

»Ich weiß. Das ist Chief. Ich habe ihn heute aus dem Tierheim geholt, deshalb wollte ich auch später kommen …«

Lisa kam sich in diesem Moment so albern vor. Was war bloß mit ihr los gewesen heute Morgen?

»Hier in der Einöde wirst du einen Hund sicher gut gebrauchen können«, meinte sie und setzte sich zu Chief aufs Sofa. »Das ist ja ein total lieber Kerl.« Sie kraulte dem Tier hinterm Ohr entlang.

Jan beobachtete das Schauspiel und ihn beschlich der Gedanke, dass dieses hier schon immer Chiefs zuhause gewesen war und er ihn heute Morgen wie durch eine Eingebung zurückgeholt hatte.

»Der Kaffee ist durch«, sagte er.

»Den werde ich brauchen«, meinte sie und stand auf. »Echt, du wirst dir wegen der Heizung was einfallen lassen müssen. Es riecht ja schon richtig modrig hier.« Sie nahm einen warmen Kaffeebecher entgegen und rieb ihre Hände daran. »Das Haus war sicher nicht teuer, nehme ich an …«

Sie stellte sich jetzt ans große Fenster und ließ ihren Blick wandern.

»Nein, so teuer war es wirklich nicht. Eigentlich wollte der Besitzer es schon abgerissen haben, erzählte mir der Makler. Insofern habe ich noch Glück gehabt.«

»Das wird sich zeigen. Du wirst hier eine Menge Geld reinstecken müssen, damit es einigermaßen gemütlich wird.«

»Ich wollte es erst mal so lassen«, meinte Jan. »Man kann immer noch was ändern, wenn es sein muss.«

»Du veräppelst mich«, meinte Lisa. »Guck doch nur mal die Tapeten. Das sind ja mindestens fünf Schichten, die ich so schon sehen kann. Wer weiß, was darunter noch los ist.« Sie hatte sich zum Raum gedreht und fuchtelte mit den Armen herum.

Jan ging ihr Genörgel irgendwie auf die Nerven. Was kümmerte es sie, wie er hier lebte. War sie plötzlich zu seiner Mutter mutiert, ohne dass er es mitbekommen hatte? Fast bereute er, sie überhaupt hierher eingeladen zu haben. Schließlich war es sein Haus.

»Ich muss erst mal gucken, wie sich alles entwickelt«, sagte er obenhin und starrte weiter nach draußen.

»Heute bin ich wohl unausstehlich«, sagte Lisa und wandte sich ihm wieder zu.

»Hm ...«

»Vielleicht bin ich einfach nur neidisch, dass ich nicht deinen Mut habe«, sagte sie. »Du tust Dinge einfach, wenn du etwas verändern willst. Ich werde in hundert Jahren noch in meiner beschissenen Zwei-Zimmer-Wohnung hocken.« Sie knuffte ihn am Arm.

»Schon gut«, sagte er schließlich. »Wer weiß, was ich in hundert Jahren mache.«

»Das will ich mir gar nicht ausmalen«, lachte Lisa. »Und der Hund ist wirklich klasse. Liegt der schon die ganze Zeit auf dem Sofa? Man kann ja gar nicht glauben, dass du ihn heute erst hierher geholt hast. Es sieht aus, als gehörte er hier schon zum Inventar.«

Das Gefühl habe ich auch, dachte Jan. Gab es so etwas wie Vorhersehung?

»Ich hätte es mir auch schwieriger vorgestellt«, meinte er.

»Das war bestimmt nicht leicht, einen Hund auszuwählen. Ich war auch schon mal im Tierheim wegen einer anderen Sache. Also, es ist mir verdammt schwergefallen, da wieder rauszugehen, als die Hunde mich alle so angesehen haben.«

»Ich habe Chief nicht ausgesucht, ich glaube es war umgekehrt.« Jan fuhr mit seinem Zeigefinger über den Rand seines Kaffeebechers.

»Alles andere hätte mich bei dir auch gewundert«, sagte Lisa. »Wollen wir gleich mit Chief spazieren gehen? Dann wird mir vielleicht auch wieder warm.«

Jan nickte. »Gute Idee, in der Nähe ist ein kleines Waldstück. Dann kann er auch gleich die Gegend kennen lernen.«

Er holte die neue Hundeleine und hielt sie Chief vor die Nase. Der Hund sah kurz auf und drehte sich desinteressiert wieder weg.

»Komm Chief, wir gehen raus«, rief Lisa und lief zur Tür.

Der Hund sprang vom Sofa und folgte ihr.

»Okay, dann eben ohne Leine«, meinte Jan und band sich diese aber trotzdem um Hals und Bauch, wie er das von anderen Hundebesitzern schon oft gesehen hatte.

Sie waren eine gute halbe Stunde gelaufen und Chief wich nicht von Lisas Seite.

»Vielleicht mag er Frauen lieber als Männer«, meinte Jan, als sie einen kurzen Stopp bei einem Baum eingelegt hatten, an dem Chief sein Bein hob.

»Du meinst, weil er neben mir läuft?«, fragte Lisa. »Also, das glaube ich nicht. Ich denke, er meint, dass er mich beschützen muss. Bei Männern ist das ja in der Regel nicht der Fall.«

»Könnte sein, dass du recht hast.«

»Willst du ihn mit in die Dienststelle bringen?«

»Nein, das wird wohl nicht nötig sein. Wenn ich daran denke, wie phlegmatisch er schon den halben Vormittag auf dem Sofa gelegen hat, dann wird es ihm ziemlich egal sein, ob ich zuhause bin oder nicht.«

Beide mussten lachen.

Chief stellte sein Bein endlich wieder ab und sie wollten gerade weitergehen, als ein markdurchdringender Schrei sie jäh innehalten ließ.

Die Anderen

Ruby und Shane hatten sich gerade die X-Box angemacht, um weiter zu daddeln, als sie den Aufruhr hörten, der sich im Zimmer nebenan abspielte.

»Ist da Zoff nebenan?« Ruby stellte den Ton der Surround-Anlage ab.

»Weiß nicht. Sicher wieder ein Streit zwischen Kiefer und Lennon. Komm, lass uns spielen«, meinte Shane, der jetzt keinen Bock auf Stress hatte.

Doch als der Lärm immer lauter wurde, stand Ruby auf und lief nach nebenan.

»Was ist los?«, fragte sie, als sie die anderen am Fenster stehen sah.

»Da hat jemand geschrien«, meinte Kiefer.

»Wer?«

»Das wissen wir nicht.«

Alex kam in die Küche gerannt.

»Was ist hier los?«, fragte sie atemlos. Sie war gerade damit beschäftigt gewesen, Knox zu erklären, dass man den Mond nicht in zwei Teile teilen müsste, damit er auf jeder Erdhalbkugel zu sehen wäre.

»Da hat jemand geschrien im Wald«, wiederholte Kiefer.

Alex, die glaubte, dass eigentlich alle ihrer Schützlinge im Haus sein müssten, instruierte sie, hier zu bleiben und das Haus nicht zu verlassen.

»Ich werde gucken, was da passiert ist«, sagte sie und warf sich ihre Regenjacke über.

***

»Das kam aus der Richtung.« Lisa zeigte auf einen dichten Waldabschnitt. Sie und Jan liefen los und Chief trottete hinter ihnen her.

Nach gut zweihundert Metern sahen sie ein junges Mädchen, das sich ängstlich an einen Baum klammerte. Lisa war in wenigen Schritten bei ihr.

»Können wir dir helfen?«, fragte sie und legte einen Arm um das Mädchen, das augenblicklich zusammenzuckte und dem noch immer Tränen übers Gesicht liefen. Sie sah Lisa mit großen Augen unsicher an. Sicher war sie um die fünfzehn, schätzte Lisa. Was machte ein Teenager hier alleine im Wald? »Wir sind von der Polizei, es ist alles in Ordnung«, erklärte sie schnell. »Du hast geschrien. Warum?« Suchend sah Lisa sich um.

Das Mädchen atmete erleichtert auf. »Da …«, sie zeigte mit der rechten Hand in ein Gebüsch.

Jan reagierte sofort und war mit wenigen Schritten an der Stelle. Er bückte sich und versuchte, etwas zu entdecken. Dann nahm er die Sträucher auseinander und sah, warum das Mädchen geschrien hatte. Auf dem Boden lag in unnatürlicher Haltung ein Mann. Das Gesicht war verdreckt und die Kleidung wirkte, als habe der Mann schon eine ganze Weile hier gelegen.

»Wer sind Sie?«, hörte Lisa eine Stimme in unmittelbarer Nähe. »Was machen Sie mit Jenny?«

Lisa drehte sich um. »Alles in Ordnung, wir sind von der Polizei. Sie kennen das Mädchen hier?«

Die blonde Frau kam näher und vergewisserte sich, dass es Jenny gut geht. »Mein Name ist Alex Chane, ich bin die Betreuerin von Jenny. Und wer genau sind jetzt Sie?«

Betreuerin?, dachte Lisa. Es war schon etwas merkwürdig, dass ein Mädchen, das offensichtlich in Obhut war, hier alleine im Wald war und dann von ihrer Betreuerin verfolgt wurde. Konnte sie der Frau vor sich wirklich trauen?

»Mein Name ist Lisa Berthold«, stellte sie sich vor. »Und das ist mein Kollege Jan Krömer. Wir haben einen Schrei gehört, der offensichtlich von Jenny kam.«

Das Mädchen entspannte sich, als sie Alex sah. »Ich wollte alleine gar nicht so weit gehen, ehrlich«, sagte sie.

»Darüber reden wir später«, sagte Alex. »Zuerst einmal möchte ich wissen, was hier eigentlich los ist. Warum hast du geschrien?«

»Wegen ihm hier«, meldete sich Jan Krömer zu Wort und kam zu den drei anderen. »Da drüben ist ein Toter im Gebüsch.«

»Oh mein Gott«, Alex griff automatisch nach der Hand von Jenny. »Was ist passiert?«, fragte sie in Richtung Jan.

»Schwer zu sagen zu diesem Zeitpunkt«, erwiderte er und registrierte einen blonden Pferdeschwanz und zwei himmelblaue Augen. Durch die Jeans und das blaurot karierte Karohemd sah sie wie eine echte Farmerin aus. »Aber wieso läuft ihr Mündel hier alleine im Wald herum? Und warum ist sie in Ihrer Betreuung?«

Alex Crane hatte die Wahl. Entweder erlag sie dem Charme des hübschen Ermittlers vor ihr oder sie spielte die harte Nummer. Sie entschied sich für Ersteres. »Das ist schnell erklärt«, sagte sie bereitwillig. »Dort drüben in einiger Entfernung«, sie zeigte in die westliche Richtung, »da leben wir auf einem alten Hof.«

»Wer ist wir?« Jan spürte genau, was sie von ihm dachte.

»Das sind zehn Jugendliche und ich oder eine andere Betreuung. Es geht um … nun ja, sagen wir mal, etwas eigenwillige junge Leute, nicht wahr Jenny«, sie zupfte dem Mädchen am Arm, »denen wir helfen, im Leben zurechtzukommen.«

»Okay«, sagte Jan und stellte sich vor, wie diese Frau alleine zehn Jugendliche im Griff haben wollte. Und dazu noch, wenn sie eigenwillig waren. So ganz leuchtete es ihm nicht ein und deshalb war es Jenny wohl auch gelungen, den Hof zu verlassen, ohne dass jemand etwas gemerkt hätte. Aber waren sie denn da eingesperrt? Nun, diese Frage würde ihn vielleicht später beschäftigen. »Sagen Sie mir bitte noch die Adresse, dann komme ich gegebenenfalls noch einmal auf Sie zu«, sagte Jan. Und an Jenny gewandt: »Du hast den Toten gefunden, oder?«

Jenny nickte heftig und ließ ihre Schultern hängen.

»Wonach hast du denn da im Gebüsch gesucht?«

Jenny sah hilflos zu Alex. Die Betreuerin nickte ihr zu.

»Ich habe nach meiner Katze gesucht«, sagte das Mädchen. »Aber sie war nicht da.«

»Gut. Sag mal, hast du den Toten auch berührt?«

Jenny zuckte zusammen. »Nein …«, stammelte sie und schüttelte sich.

»Okay, dann wären wir fürs Erste durch, Sie können gehen. Wie gesagt, wenn ich noch Fragen habe …«

»Immer gerne«, sagte Alex und verschwand mit Jenny in den Wald.

»Wir brauchen jetzt das volle Programm«, sagte Jan nachdenklich.

»Ich hab schon angerufen«, entgegnete Lisa.

»Es könnte eine Schnapsleiche sein.«

»Die sich dann ins Gestrüpp verkrochen hat? Nein, das glaube ich ehrlich gesagt nicht.«

»Wo ist Chief eigentlich?«

Lisa lachte und schüttelte den Kopf. »Der liegt da hinten unterm Baum und schnarcht. Vielleicht solltest du bei der Auswahl eines Polizeihundes das nächste Mal ein Rückgaberecht vereinbaren.«

Jan sah sich um und dann entdeckte er den Hund, der seelenruhig auf der Seite lag und leise vor sich hin röchelte. »Eigentlich ist er genau der Richtige«, sagte er und grinste. »Man muss die Dinge immer in aller Ruhe angehen.«

»Na, da bin ich ja gespannt, was mich bei dir noch alles erwartet. Als Nächstes eine Couch in der Dienststelle?«

»Keine schlechte Idee.«

Sie hörten, wie sich Fahrzeuge in einiger Entfernung näherten.

Kurz darauf kamen die ersten Kollegen und auch Gerichtsmediziner Ole Meemken war im Anmarsch.

»Hallo Ole«, grüßte Jan. »Wir haben eine übel zugerichtete männliche Leiche.« Er zeigte aufs Gebüsch.

»Alles klar«, sagte Meemken, »ich kümmere mich darum. Sorgt ihr bitte dafür, dass hier alles abgeriegelt wird, damit niemand mehr wertvolle Spuren kaputtmacht.«

Lisa nickte und sah in Richtung mehrerer Beamte, die ihren Job machten. Es war nun wirklich nicht der erste Tatort, den sie absicherten. War Ole etwa eine Laus über die Leber gelaufen?

Meemken kniete vor dem Gebüsch, hielt die Zweige auseinander, damit der Fotograf Bilder vom Tatort machen konnte. Als das Opfer von allen Seiten abgelichtet worden war, machte er sich an der Leiche zu schaffen.

»Sieht verdammt übel aus«, murmelte er und Jan und Lisa stellten sich in Hörweite. »Der muss schon so manchen Regenguss mitgemacht haben hier draußen.«

»Du meinst wegen des verdreckten Gesichts und der Kleidung?«, fragte Jan.

»Jo. Alles irgendwie aufgeweicht und anschließend wieder getrocknet.«

»Das habe ich auch schon vermutet. Und die Haut sieht auch irgendwie so aus, als ob er schon länger tot ist.«

»Ja, danke auch für den Nachhilfeunterricht«, brummte Meemken.

Lisa stieß Jan am Arm und zuckte mit Blick auf Ole mit den Schultern.

»Schlechten Tag gehabt?«, fragte Jan.

»Ach was, alles in Butter«, antwortete Meemken knapp. »Verdammt, der hat ja gar keine Augen mehr!«, rief er plötzlich aus.

Schnell kniete Jan direkt neben ihm. »Bist du sicher? Keine Augen? Sorry, ich meine, zeig mal ...«

Meemken hatte den Schmutz des Gesichts vorsichtig entfernt und jetzt sah auch Jan die beiden dunklen Höhlen, in denen früher einmal Augen gewesen waren.

Dann öffnete Meemken vorsichtig den Mund des Opfers. »Alles voller Dreck«, murmelte er und stocherte mit einem Holzstab in der Mundhöhle herum.

»Kann der Dreck denn auch vom Regen her kommen?«, fragte Jan ungläubig. »Ich meine, der Tote wird hier ja nicht mit offenem Mund herumgelegen haben, oder?«

»Nur bei Vollmond«, sagte Ole und grinste. Dann arbeitete er sich weiter durch den Dreck und stieß einen Pfiff aus.

»Was ist?«, fragte Jan neugierig.

»Der hat auch keine Zunge mehr.«

»Verdammt«, sagte Jan. »Das ist kein einfacher Mord, da will uns jemand etwas sagen.« Er drehte sich vielsagend zu Lisa um, die alles mitbekommen hatte.

»Ritualmord«, sagte sie nur. »Mir schwant einiges, das wird dann wohl nicht das einzige Opfer gewesen sein.« Sie sah zu Chief, der noch immer in einiger Entfernung schlief. Wie gerne hätte sie jetzt mit ihm getauscht.

»Ich werde den Mann mal in Oldenburg auseinandernehmen und euch dann informieren, wenn noch weitere Körperteile fehlen«, sagte Ole und kam aus seiner anstrengenden Haltung hoch. »Die Arme sind ja noch dran, das sieht man ja auch so, aber sonst ... man weiß ja nie.« Er zeigte auf den Hosenschlitz des Mannes.

Mit Ole stimmt eindeutig etwas nicht, dachte Lisa noch einmal. So war er sonst doch nicht drauf.

»Stress in Oldenburg?«, fragte sie und versuchte es leichthin klingend zu sagen.

Oles Gesicht wurde ernst. »Nein, das ist es nicht. Ich komm wohl einfach nicht über die toten Kinder hinweg.«

Lisa schaltete sofort. »Du meinst die vor Langeoog?«

Er nickte.

»Ja, das war eine schreckliche Sache«, sagte sie mitfühlend.

»Echt, wenn ich das jeden Tag mitmachen müsste, dann würde ich den Job hinschmeißen.«

Als der Leichnam weg war und auch die Spurensicherung den Tatort minutiös unter die Lupe genommen hatte, überlegten Jan und Lisa, wie sie nun weiter vorgehen würden.

»Als Erstes solltest du mal Chief wecken«, sagte sie, »der fällt ja gleich ins Koma. Ich finde es übrigens komisch, dass ihn die Leiche kein bisschen interessiert hat. Er muss das mit seiner feinen Nase doch auch gerochen haben.«

»Er ist ja nicht mehr der Jüngste«, meinte Jan.

»Pah, der hat die Schlafkrankheit, wenn du mich fragst.«

»Das passt schon. Aber was meinst du, sollten wir noch einmal bei Jenny und Alex vorbeigehen?«

»Denkst du, Jenny ist noch etwas eingefallen?«

»Ich weiß nicht. Aber mich würden diese Jugendlichen insgesamt schon sehr interessieren. Wenn wir es mit einem Ritualmord zu tun haben, kann jede Beobachtung wichtig sein.«

»Ganz sicher sogar. Aber ich glaube, wir lassen da lieber noch etwas Zeit verstreichen.«

»Warum das denn?«

»Na, weil sie sich dann ausgiebig über den Vorfall ausgetauscht haben und ich wette mit dir, dass jeder im Mittelpunkt stehen möchte und singt wie ein Vögelchen.«

»Oder auch nicht.«

»Vielleicht auch das. Aber es ist mir auch egal, ich will da heute nicht mehr hin. Ich würde lieber in die Dienststelle gehen und nach Ritualmorden in der letzten Zeit recherchieren. Möglicherweise passt das Opfer in ein ungeklärtes Muster oder einen Fall.«

Jan überlegte kurz, sah zu Chief und sagte:

»Weißt du was, dann machen wir das so. Du gehst schon mal in die Dienststelle und ich werde die Jugendlichen mit Chief besuchen. Ich habe das Gefühl, dass es wichtig ist, jetzt gleich mit ihnen zu sprechen.«

»Okay, dann geh ich jetzt los.«

***

Auf dem Hof versuchte Alex derzeit, die anderen Jugendlichen zu beruhigen, nachdem Jenny ihre Geschichte erzählt hatte. Jetzt, da sie wieder unter ihresgleichen war, schilderte sie den Vorfall in den schillerndsten Farben. Von Angst war bei ihr keine Spur mehr, stellte Alex amüsiert fest. So war das eben, wenn man erwachsen wurde, man nutzte jede Gelegenheit, um die Aufmerksamkeit auf sich zu ziehen.

Jan schlich mit Chief um den Hof herum. Er war gar nicht weit entfernt vom Fundort der Leiche gewesen. Immer mehr verfestigte sich in ihm die Vermutung, dass hier irgendjemand etwas gesehen haben musste.

Durch die halboffenen Fenster bekam er nur Satzfetzen mit. Doch es wurde natürlich aufgeregt über Jennys Entdeckung diskutiert.

Er ging schließlich zur Tür und klingelte.

Alex machte kurz darauf auf. »Oh, mit Ihnen hab ich so schnell gar nicht mehr gerechnet«, sagte sie.

»Ich würde gerne noch einmal mit Jenny und auch mit den anderen sprechen, wenn das möglich ist«, sagte Jan.

»Klar. Kommen Sie doch rein. Der Hund kann auch ruhig mitkommen, das hier ist ein offenes Haus für jeden, der Probleme hat.«

Jan wunderte sich über die Aussage, erwiderte aber nichts.

Er nahm eine angenehme Mischung zwischen Chips, Pommes frites und Zitronenlimonade wahr, als sie in die große Küche kamen, wo ihn zehn Augenpaare neugierig musterten.

Ein Mädchen sprang sofort auf und rannte auf Chief zu.

»Ein Hund, ein Hund«, rief sie und ging vor dem Tier in die Knie und schlang ihre Arme darum. Chief ließ es sich gefallen und schlabberte sogar an ihrem Ohr. »Uh ... das kitzelt«, sagte das Mädchen und kicherte.

»Der Kommissar möchte euch was fragen«, sagte Alex, um die Aufmerksamkeit wieder in eine andere Richtung zu lenken.

»Schon Okay«, sagte Jan. »Ihr könnt mich übrigens alle Jan nennen, wenn ihr wollt.«

»Cool Jan«, sagte ein Jugendlicher, der eine große Tätowierung am rechten Unterarm trug.

»Übertreib mal nicht schon wieder«, sagte Alex mit unterschwelliger Drohung in der Stimme.

Dann stellte sie die zehn Jugendlichen vor. Jan fiel auf, dass sie alle amerikanische Namen trugen. Aber sie hörten sich nicht so an, als ob sie nicht von hier wären.

»Nicht gerade typisch ostfriesische Namen«, sagte er dann auch.

Alex lachte. »Sicher nicht, aber die einzige Amerikanerin hier bin ich. Mit drei Jahren sind meine Eltern mit mir nach Berlin gezogen. Die Jugendlichen tragen diese Namen, aber es sind nicht ihre. Wir haben uns darauf geeinigt, dass sich jeder, der in diese Wohngemeinschaft einzieht, einen neuen Namen geben darf.«

Jan runzelte die Stirn.

»Das hilft einfach, um ein wenig Distanz zu sich selbst und seinen Problemen aufzubauen«, erklärte Alex. »Wenn man jemand anderes sein kann, dann kann man über das andere Ich besser sprechen.«

Fremd war Jan das ja nicht gerade. Er nickte. »Verstehe. Also heißt Jenny in Wirklichkeit nicht Jenny, sondern irgendwie anders.«

»Ja, stimmt. Aber ich glaube, das würde jetzt zu viel Verwirrung in die Sache bringen, wenn wir jetzt auch noch die anderen Namen erwähnen«, meinte Alex und Jan stimmte ihr mit einem Nicken zu. »Knox, du könntest unserem Gast ruhig etwas zu trinken anbieten.«

»Klar«, sagte der ernst wirkende Junge, der bisher geschwiegen aber Jan aufmerksam gemustert hatte. »Cola oder was anderes?«

»Ich nehme Wasser, wenn ihr das habt«, sagte Jan. Es dauerte nicht lange, und es stand ein Glas vor ihm auf dem Tisch.

»Okay«, begann er, als Chief sich von jetzt schon zwei Mädchen hinter den Ohren kraulen ließ, »ihr alle wisst, was Jenny heute Nachmittag im Wald entdeckt hat ...«

»Ein Mordopfer«, sagte ein junges Mädchen und strahlte Jan an.

»Ganz genau, es ist ein Mordopfer.«

»Ich hab den toten Mann entdeckt«, sagte Jenny. Offensichtlich wollte sie nicht ins Hintertreffen geraten.

»Richtig, du hast den toten Mann entdeckt«, wiederholte Jan. »Und ich möchte jetzt gerne von euch allen wissen, ob einer von euch irgendetwas gesehen hat, was vielleicht in Verbindung mit dem toten Mann steht.«

Die Jugendlichen tauschten aufmerksame Blicke. Ein Junge legte seine Füße auf einen freien Stuhl. Die meisten lehnten an der Küchenzeile oder hatten sich einfach im Schneidersitz auf den Boden gefläzt.

Jan gefiel diese Atmosphäre der jugendlichen Gleichgültigkeit, in der doch alles möglich zu sein schien.

»Eigentlich soll keiner von ihnen alleine draußen im Wald sein«, sagte Alex, als keiner sprach.

»Und warum nicht?«, fragte Jan. Schließlich ging es hier nicht um Kleinkinder.

»Das kann ich Ihnen gerne ein andermal ausführlicher erklären«, wich sie aus. »Doch es ist zu ihrem eigenen Schutz.«

»Okay«, sagte Jan. »Sie können mich übrigens auch gerne Jan nennen.«

Sie bestätigte es mit einem offenen Blick ihrer blauen Augen.

Es ist das erste Mal, dass mich blaue Augen aus der Fassung bringen, dachte Jan. Schnell rief er sich die dunklen Augen von Katrin ins Gedächtnis. Doch vor wem musste er sich hier eigentlich rechtfertigen, wenn ihm eine andere Frau gefiel?

»Und trotzdem warst du, Jenny, heute alleine im Wald«, sagte er und ließ seinen Blick zu dem Mädchen wandern, dem jetzt das Lachen verging. Sie sah ihn erschrocken an. »He, das ist jetzt kein Vorwurf«, sagte er schnell. »Doch wenn ich Alex eben richtig verstanden habe, ist das nicht üblich. Und ich frage nur, weil für mich als Polizisten wirklich alles wichtig sein könnte, Okay?«

Jenny entspannte sich. »Ja, ist gut«, sagte sie und genoss offensichtlich, dass jetzt wieder alle anderen zu ihr sahen. »Ich war alleine in den Wald gegangen, um nach Kitty zu suchen.«

»Das ist deine Katze?«

Jenny nickte. »Ja, meine und die von Ruby.«

Sie teilen sich ein Tier, dachte Jan. Ob sie dann auch Geheimnisse teilten?

»Das bin ich«, hörte er eine Stimme hinter sich und drehte sich um. Ruby war sicher in ähnlichem Alter wie Jenny.

»Okay«, fuhr Jan fort. »Und Ruby, du hattest keine Lust, mit Jenny nach der Katze zu suchen?«

»Ne«, sagte Ruby so lässig es ging und warf ihre lange Haarsträhne, die bisher ihr eines Auge verdeckt hatte, nach hinten. »Ich wollte mit Shane X-Box spielen. Katzen kommen schon wieder, wenn sie Hunger haben.«

»Ja, da hast du sicher recht«, sagte Jan und sah wieder auf den Jungen, der seine Beine auf den Stuhl gelegt hatte und bei Nennung seines Namens einen Zeigefinger in die Luft gestreckt hatte. »Und sonst war keiner von euch heute draußen im Wald, nehme ich an.«

Die meisten schüttelten den Kopf oder sahen gelangweilt gegen die Decke.

»Wir haben festgestellt, dass der Tote schon etwas länger dort draußen gelegen haben muss«, fuhr er fort, »und deshalb möchte ich noch einmal fragen, ob irgendjemandem in letzter Zeit irgendetwas ungewöhnlich vorgekommen ist. Habt ihr jemanden im Wald oder beim Hof beobachtet, den ihr da sonst nicht seht? Ist ein Auto vorbeigefahren, das ihr nicht kennt? Oder oder oder … es kann alles wichtig für mich sein.«

Er ließ seinen Blick aufmerksam durch die Menge wandern. Er wollte ihnen Zeit zum Nachdenken geben. Bei dem einen oder anderen Gesicht versuchte er, zwischen den Zeilen zu lesen. Doch es war niemandes Blick so auffällig, dass er hätte sagen können, dass ihm jemand etwas vormachte. Vielleicht wussten sie ja wirklich nichts. Vielleicht.

»Na gut«, sagte er schließlich, »wenn euch noch etwas einfällt, könnt ihr mich jederzeit anrufen oder auch vorbeikommen, wenn Alex es euch erlaubt.«

Sie nickte zustimmend.

»Ich werde dann jetzt gehen«, sagte Jan zu Alex. »In der Dienststelle wartet eine Menge Arbeit auf mich.«

»So wie es aussieht, kannst du deinen Hund auch hierlassen, sie lieben Tiere.« Alex zeigte auf Chief, der lang ausgestreckt am Boden lag und seinen Bauch für zwei Mädchen als Kopfkissen darbot.

»Tja, mit dem Hund habe ich heute einen Fang gemacht«, sagte Jan lachend.

»Du hast ihn erst seit heute?«, fragte Alex erstaunt.

Jan nickte.

»Komisch, ich hätte schwören können, dass ihr zwei euch schon ein Leben lang kennt, so wie ihr miteinander umgeht.«

Wie meinte sie das?, fragte sich Jan. Doch vermutlich hatte sie recht. Er hatte auch das Gefühl, als wäre dieser Tag für ihn und Chief bestimmt gewesen.

»Komm, Chief«, sagte er mit sanfter Stimme und erhob sich vom Stuhl. Der Hund dehnte seinen Rücken, so dass die Mädchen aufstanden. Lautlos folgte er Jan zur Tür, ohne seinen Blick noch einmal zurückzulenken.

Der Wald

Eigentlich hatte Jan direkt zu seinem Haus zurücklaufen wollen, um zu Lisa in die Dienststelle zu fahren. Es war nicht fair, sie jetzt mit der ganzen Anfangsarbeit alleine zu lassen.

Doch etwas zog ihn wieder zu der Stelle, wo Jenny den Toten gefunden hatte. Und diesmal wich Chief ihm nicht von der Seite.

»Du spürst es auch«, flüsterte Jan dem Hund zu, »hier ist irgendwas, hab ich recht?«

Der Hund stellte seine Ohren hoch und ließ den Unterkiefer lautlos nach unten klappen. Der große Kopf mit den großen braunen Augen drehte sich kaum merklich hin und her. Dann fixierte Chief etwas und Jan sah in die gleiche Richtung. Doch er konnte nichts sehen.

»Was ist da?« Jan beugte sich herunter und flüsterte Chief ins Ohr. »Was haben wir übersehen, mein Freund?«

Chief war jetzt voller Anspannung. Im nächsten Moment lief er gemäßigten Schrittes auf einen Strauch etwas entfernt vom Fundort der Leiche zu. Jan folgte ihm. Dann sah auch er, was Chief vermutlich mehr gerochen als gesehen hatte. Eine Katze hing kopfüber an einem stärkeren Zweig. Und sie war mit Sicherheit tot.

»Guter Hund«, lobte Jan. Das pechschwarze Tier war an den Hinterläufen mit einem beigefarbenen Band aufgehängt worden. Und unter ihm im Sand war eine rote Lache erkennbar. Jan sah wieder zu dem Tier. Jetzt entdeckte er einen Schnitt durch die Kehle. Da musste das Blut ausgetreten sein. Hatte die Katze noch lange gelebt, als sie hier auf ihr Ende gewartet hatte? Und wer machte so etwas? Konnte es mit dem Toten in Zusammenhang stehen? Die Katze hing hier noch nicht so lange, so viel stand fest. Denn dann hätte der Regen der letzten Tage das Blut längst weggewaschen. Doch wer sagte denn, dass der Tote hier so lange gelegen haben musste? Was war, wenn man ihn hierher gebracht hatte, als er schon tot war? Und was hatte die Katze damit zu tun? Oder Jenny? Denn sie hatte ja nach der Katze gesucht und dann den Toten gefunden? War das Absicht gewesen? Diese Annahme erschien ihm weit hergeholt. Und dann doch wieder nicht. Es war nur eine Möglichkeit, aber vielleicht hatte jemand mit Hilfe der Katze Jenny nach draußen gelockt, obwohl sie wusste, dass sie nicht rausgehen durfte, damit sie dann den Toten entdeckte. Und wenn dem so war, warum war es dem Mörder so wichtig gewesen, dass es genau heute geschah? An dem gleichen Tag, an dem er Chief bekommen hatte. Doch das wäre nun wirklich zu viel der guten Zufälle

45

gewesen, hoffte Jan, obwohl sein Gefühl ihm etwas ganz anderes sagte.

Er sah seinen Hund an und rief bei Lisa an.

»Ich habe die Katze gefunden«, sagte er tonlos in den Hörer.

»Katze? Ich dachte, du hast einen Hund.« Lisa war offensichtlich beschäftigt und schaltete nicht sofort.

»Die Katze, nach der Jenny gesucht hatte, als sie dann auf den Toten gestoßen ist.«

»Ach ja, da wird sie sich aber freuen«, sagte Lisa entspannt.

»Das glaube ich kaum. Man hat ihr die Kehle durchgeschnitten und dann kopfüber an einen Ast gehängt, so dass sie dann wohl verblutet ist.«

»Mein Gott, das ist ja grausam«, entfuhr es Lisa. »Wie hast du sie überhaupt gefunden?«

»Ich nicht, das war Chief«, antwortete Jan und strich seinem neuen Schützling das erste Mal über den Kopf.

»Na, dann ist er also aufgewacht«, lachte Lisa in den Hörer. »Ich werde die Spusi noch mal zu dir rausschicken.«

Sie legten auf.

Als Kollegen die Katze in einen Plastiksack verschwinden ließen, machte Jan sich mit Chief auf den Weg zum Hof von Alex Crane, um Jenny die traurige Nachricht zu überbringen.

»Du?«, fragte Alex, als sie die Tür öffnete.

»Wir haben die Katze«, sagte Jan. »Sie ist tot.«

Alex schlug sich die Hand vor den Mund. »Mist, wie bringe ich das nur Jenny bei?«

Er zuckte mit den Schultern. »Aber ich wäre gerne dabei, wenn das Okay ist. Die Reaktion wäre vielleicht wichtig für mich.«

»Und ich dachte schon, mein Job wäre anstrengend«, sagte Alex und lief in die große Küche voraus, wo Jenny und Ruby mit einem Buch beschäftigt waren.

»Jan ist noch einmal hier, Jenny, ich weiß gar nicht, wie ich es sagen soll«, Alex rang mit Worten. »Man hat sie im Wald gefunden …«

Jennys Augen hellten sich augenblicklich auf.

»Doch leider«, dämpfte Alex sofort die Stimmung, »ist sie jetzt im Katzenhimmel.«

Jennys Gesichtszüge formten sich zu einer verzweifelten Fratze. Sie weinte, schrie und brüllte in einem Atemzug. Das war echt, dachte Jan, und seine Gedanken gingen zu Desdemona, seiner Katze, die man bei der letzten Ermittlung auch umgebracht hatte.

Und dann sah er Ruby. Schließlich war es auch ihre Katze gewesen, wenn er sich recht erinnerte. Doch Ruby verzog keine Miene. Sie sah ihn an und sah doch auch irgendwie durch ihn hindurch. Fühlte sie denn gar nichts? Das war eine völlig unbegreifliche Reaktion auf die Nachricht, dass ein geliebtes Haustier tot war. Es sei denn, sie hatte dieses Tier gar nicht geliebt. Was lief da zwischen Jenny und Ruby? Er würde die beiden auf jeden Fall im Auge behalten. Am Ende hatte sogar Ruby ihrer Freundin eins ausgewischt, indem sie ihr das Liebste nahm. Jan realisierte, dass er mit dieser Gruppe würde ganz anders verfahren müssen als bei sonstigen Ermittlungen. Und er spürte, dass sie ihn bis zum Ende des Falles beschäftigen würden. So oder so.

Chief, der wohl glaubte, seinen Job erledigt zu haben, lag schon wieder unter dem Tisch und schlief.

»Reicht das jetzt?«, fragte Alex, die bemerkte, dass Jan seinen Blick nicht von Ruby abwenden konnte.

»Ja, klar. Chief, komm ...« Der Hund berappelte sich und sie gingen ohne weitere Umwege gemeinsam wieder in den Wald, um zu ihrem eigenen Zuhause zu gelangen.

Im Nirgendwo

Fließende Bewegungen. Ein Lufthauch. Er stellte sich wieder aufrecht hin und legte seine Arme verschränkt über seine Schultern. Dann beugte er sich nach vorne, um seinem Gegenüber die Ehre zu erweisen.

Sie redeten nicht. Niemals vor zwölf Uhr mittags. Es war das erste Mal, dass er sich in einer Gruppe wohlfühlte, weil es Regeln gab, die nach seinem Geschmack waren.

Es hatte nicht damit zu tun, dass er nicht gerne sprach. Vielmehr gab es nichts, was seiner Meinung nach nicht schon einmal irgendwo gesagt worden war. Er hatte einmal vor Jahren gelesen, dass es unzählige Stunden brauchte, um ein Glas Wasser mit Worten zu erwärmen. Wenn alles so sinnlos war, warum mühten sich die Menschen dann den ganzen Tag so mit Konversation ab, die zu nichts führte?

Er wendete sich jetzt ab und ging in seinen Raum zurück. Hier gab es nichts außer einem harten Bett. Er legte sich rücklings darauf und starrte an die weiße Decke. Er sah wie durch einen Spiegel in sein Inneres. Jetzt würde er hier warten, bis ihr Meister eintraf. Es hatte alles einen Sinn, was er hier tat.

Endlich.

In Aurich

Jan hatte nicht viel sagen müssen, als sie beim Hof ankamen. Im Haus ging Chief schnurstracks zum großen Sofa in der Küche und fläzte sich lang darauf. Jan musste bei dem Anblick schmunzeln. Er würde sich ein zweites Sofa anschaffen müssen. Aber er wollte kein Neues. Also würde er später noch beim Trödler vorbeifahren, um ein Möbelstück mit Geschichte zu finden.

»Ach, da bist du ja endlich«, wurde er von Lisa begrüßt, als er im Büro eintraf. »Miese Sache, das mit der Katze.«

Jan wunderte sich, dass viele den Mord an Tieren offensichtlich noch um vieles tragischer fanden, als den, der an einem Menschen begangen wurde.

»Ich habe Jenny die schlechte Nachricht schon überbracht«, sagte er. »Sie ist praktisch zusammengebrochen und hat nur noch geheult.«

»Das kann man doch verstehen. Wer macht so etwas nur?«

»Tja ... und Ruby, der die Katze ja mit Jenny zusammengehört hat, reagierte praktisch gar nicht.«

»Gar nicht?« Lisa wandte sich ihm interessiert zu.

»Nein. Sie hat weder geweint noch geschrien. Tja, sie hat praktisch gar keine Miene verzogen.«

»Das gibt es doch nicht. Kann ein Mensch so kalt sein?«

»Ich weiß es nicht. Was hast du denn in der Zwischenzeit herausbekommen? Irgendwelche Zusammenhänge zu anderen Fällen?«

Lisa zuckte mit den Schultern. »Nein, eigentlich nichts Besonderes, leider.«

»He, es könnte ja auch die erste Leiche einer Serie sein«, tröstete Jan. »Oder vielleicht bleibt es auch das einzige Opfer, wer weiß das schon?«

»Das klingt gut, aber ich glaube nicht daran. Wenn einer dem anderen die Augen aussticht und die Zunge rausschneidet, dann hat er Spaß daran. Warum sollte er es bei einem einmaligen Vergnügen belassen?«

»Du wirst mir langsam unheimlich, Lisa. Du denkst wie ich.«

»Hoffentlich kommt der Bericht von Ole bald«, sagte sie und grinste. »Ich hol uns mal einen Kaffee.« Sie verließ das Büro.

Jan stand mitten im Raum und atmete tief ein. Natürlich würde es noch mehr Opfer geben. Und alles hing mit den psychisch kranken Jugendlichen zusammen. Ob gar sie zu so einer brutalen Tat fähig waren? Womöglich in

Gemeinschaftsarbeit? Er würde nicht umhin kommen, sich einen Durchsuchungsbeschluss für den Hof zu besorgen. Und ihm graute jetzt schon vor Alex` Reaktion.

»Hier«, Lisa stellte einen dampfenden Becher auf seinen Schreibtisch und Jan setzte sich. Sie zog sich einen Stuhl heran.

»Ich habe zu ähnlich gelagerten Fällen recherchiert«, sagte Lisa. »Meistens sind es Racheakte, wenn anderen die Körperteile entfernt werden.«

»Racheakte?«

»Ja, aber natürlich gibt es dafür keine feste Regel. Täter machen ja, was sie wollen. Doch dir brauche ich ja nicht zu erzählen, dass das meiste, was andere zu solchen Taten hinreißt, in der Kindheit begründet liegt.«

»Das ist sicher so. Jede Grausamkeit, die wir als Kinder mitmachen, wächst zu etwas heran, das sich irgendwann nicht mehr kontrollieren lässt.«

»Und einige greifen dann zur Waffe.«

»Es kann Jahre dauern, bis man endlich soweit ist«, sagte Jan versonnen und schlürfte seinen Kaffee. »Sowas ist in der Regel auch nicht geplant. Es bricht einfach aus den Menschen heraus wie ein wildes Tier.«

»Und was macht dein Tier?«

Irritiert sah er sie an.

»Ich meine Chief, du Spinner.« Sie lachte.

»Ach so. Der liegt auf meinem Sofa. Ich werde mir wohl ein Zweites zulegen müssen.«

»Für Tiere tun Menschen alles«, sagte Lisa.

»Ja fast ...«, er sah vor seinem inneren Auge die schwarze Katze am Ast baumeln. Nicht jeder liebte Tiere offensichtlich so sehr wie Lisa.

»Und dann gibt es natürlich auch Menschen, die Tiere hassen«, griff sie seine Gedanken auf. »Dieser Tierquäler, der Jennys Katze auf dem Gewissen hat. Meinst du, er ist auch unser Täter?« Sie spielte an ihrem Kaffeebecher herum.

»Das ist schwer zu sagen. Aber ehrlich gesagt würde es mich wundern«, meinte Jan nachdenklich. »Ich denke eher, nicht.«

»Ach ja?«

»Die Wahrscheinlichkeit, dass ein Mensch seinesgleichen und auch Tiere hasst, ist eher gering. Irgendetwas liebt man immer.«

»Und wofür hast du dich entschieden?«

»Ich liebe einige Menschen, und alle Tiere«, sagte Jan. »Apropos, ich sollte Katrin mal wieder anrufen.«

»Wie geht es ihr denn so?«, fragte Lisa, die ihre Kollegin aus Leer auch vermisste. Sie hatte sie seit dem gemeinsamen Fall auf Borkum noch nicht persönlich wiedergetroffen. Ab und zu hatten sie kurz telefoniert, aber das war nicht dasselbe.

»Ach, sie fühlt sich glaube ich ganz wohl«, sagte Jan. »Sie geht voll in ihrer Mutterrolle auf. Das hätte sie selber nicht gedacht vor einem halben Jahr.«

»Das freut mich sehr für sie. Grüße sie bitte ganz lieb von mir, wenn du sie siehst.«

»Mach ich gerne.«

»Ich guck mal, ob Ole in der Zwischenzeit was geschickt hat«, sagte Lisa und ging zu ihrem Schreibtisch und tippte etwas in die PC-Tastatur.

Landstreicher

Vater und Mutter Alkoholiker. Warum hätte es da bei ihm anders sein sollen? Peter Stresemann hielt sich die Flasche mit dem Klaren direkt an den Hals und trank einen großen Schluck. Es brannte in seiner Kehle. Ein Gefühl, an das er sich mit den Jahren gewöhnt hatte. Heute hatte er Glück gehabt. Am Bahnhof in Emden war er auf ein älteres Ehepaar gestoßen, das ihm zwanzig Euro in die Hand gedrückt hatte, als er ihnen ein wenig aus seiner Kindheit erzählte. Und sie hatten nicht einmal gesagt, dass er sich davon besser keinen Schnaps kaufte. Viele andere machten das gerne, ihm Ratschläge erteilen. Oft ging es um einen Job, den er sich doch suchen sollte. Es gäbe doch viele offene Stellen, hatte kürzlich ein junger Mann zu ihm gesagt, der bestimmt in einer Bank arbeitete, so wie er aussah. Er hatte ihm nicht einen Cent gegeben. Gerade bei jungen Menschen wunderte es ihn doch, dass sie so wenig Empathie für gestrandete Seelen aufbrachten. Früher sorgte man sich mehr umeinander.

Der Rest des Tages hatte seine Einnahmen nicht weiter in die Höhe getrieben. Doch mit dem Zwanziger, da wollte er sich mal einen schöneren Abend als den in der Notunterkunft für Obdachlose gönnen. Immer die gleichen Gespräche über früher. Manchmal tat das auch weh.

Er hatte sich zwei Flaschen vom billigsten Klaren gekauft und war damit in ein nahegelegenes Waldstück gegangen. Der Abend war lau und er setzte sich auf eine Bank, die das letzte Sonnenlicht einfing. Er breitete seine dicke Jacke, die er immer in der großen Plastiktragetasche bei sich trug auf der Parkbank aus und setzte sich darauf. Es fühlte sich beinahe wie ein Sofa an. Er schloss die Augen und träumte sich in eine richtige Familie, die zueinander hielt, herbei. Dann machte er die erste Flasche auf.

Seine Sehnsucht nach Geborgenheit wurde vom zunehmenden Alkoholpegel gestillt. Es breitete sich das Gefühl in seinen Adern aus, das Wärme verlieh, einer Umarmung gleich. Die Sonne war längst am Horizont verschwunden und hatte dem Mond seinen Platz eingeräumt. Ab und zu nickte Peter ein und wurde im letzten Moment, bevor er ganz dahindämmerte, von dem typischen Zucken aufgeschreckt. Mechanisch setzte er die Flasche wieder an. Dann spürte er etwas, das sich zwar auch wie eine Umarmung anfühlte, aber irgendwie grob war. Da hatte ihn etwas gepackt. Er versuchte, sich umzudrehen. Vielleicht war ja ein Bekannter den gleichen Weg wie er an diesem Abend gegangen und spielte ihm einen Streich. Doch er schaffte es nicht, hinter sich zu sehen. Plötzlich spürte er, dass etwas seine Arme an seinen Körper presste. Jemand hatte ein Seil um seinen

Oberkörper geschlungen. »He, was soll das?«, lallte er, als an ihm gezerrt und gezogen wurde. Man verfrachtete ihn in ein Transportmittel, so dass er jetzt waagerecht auf dem Rücken lag und in den Himmel sah, während der kleine Wagen über den Sandweg ruckelte. Er sah die Sterne über sich, dann wurde ihm übel und er übergab sich.

Er hatte das Bewusstsein verloren. Seine Entführer hatten ihn in einen Raum gebracht und auf einen harten Steinboden gelegt.

Peter Stresemann wurde wach, als etwas Kaltes über sein Gesicht lief und in seinen offenen Mund tropfte. Er kam zu Bewusstsein und hörte ein Murmeln mehrerer Männer. Er sah nicht viel. Nur in irgendeiner Ecke des Raumes fiel fahles Licht herein.

»Was ist hier los?«, fragte er und versuchte, sich aufzurichten. Doch er wurde am Boden zurückgehalten. Erst jetzt wurde ihm klar, dass er weder Arme noch Beine bewegen konnte. Die Gliedmaßen standen vom Körper abgespreizt und schienen fixiert worden zu sein. Bevor er weiter sprechen konnte, landete die nächste Ladung der kalten Flüssigkeit auf seinem Gesicht. Dieses Mal landete ein großer Teil davon in seinem Mund, weil er gerade wieder etwas sagen wollte. Sie sollten endlich aufhören damit. Er verschluckte sich und bekam keine Luft mehr. Es schmeckte wie in Kindertagen, wenn er sich mit anderen Mädchen und Jungen eine Schlammschlacht in einer Regenpfütze geliefert hatte. Ja, genauso war der letzte Geschmack, der ihm in Erinnerung blieb, bevor sein Mund von dem dickflüssigen Etwas gefüllt und seine Sauerstoffzufuhr abgeschnitten wurde.

Sie waren erstaunt, wie schnell Peter Stresemann aufgegeben hatte. Es war das erste Experiment dieser Art gewesen. Ihre Aufgabe bestand darin, nur mit einfachen Mitteln das Optimum herauszuholen. Weder Gifte noch andere künstliche Substanzen sollten zur Anwendung kommen. Auch waren keine Waffen wie Messer oder abgebrochene Flaschenhälse erlaubt.

Sie hatten es sich leicht gemacht und waren einem Mann gefolgt, der schon alleine durch seine Kleidung als Landstreicher zu identifizieren war. Lange hatten sie ihm aus sicherer Entfernung dabei zugesehen, wie er sich den Schnaps in großen Mengen reingeschüttet hatte. Als es genug war für ihren Geschmack, hatten sie ihn sich geholt.

Ob er noch mitbekommen hatte, wie sie ihm die Augen aus den Höhlen geholt hatten? Es war ihnen gleichgültig. Und fragen konnten sie ihn ja auch nicht mehr, da sie vorher schon seine Zunge entfernt hatten. Diese beiden menschlichen Trophäen hatte ihr Mentor dieses Mal von ihnen als Beweisstücke neben einem Videomitschnitt für die gelungene Operation verlangt.

Der Bericht

»Ole hat eine kurze Zusammenfassung geschickt«, sagte Lisa und druckte diese zweifach aus. Sie kam damit wieder an Jans Schreibtisch und las laut vor.

»Männliche Leiche, etwa vierzig bis fünfzig Jahre in halbwegs guter körperlicher Verfassung. Größe einen Meter achtzig, fünfundsechzig Kilogramm schwer, schlechter Zustand der Haut, vermutlich starker Alkoholkonsum. Identifizierung mangels fehlender Dokumente bisher nicht möglich. Kleidung wirkt zusammengesucht, riecht nach Benzin.«

Jan starrte auf seinen Zettel.

»Hört sich nach einem Penner an«, sagte er schließlich.

»Könnte sein«, erwiderte Lisa, »gerade wegen des Alkohols und der Kleidung. Vielleicht ist er ja in der gängigen Szene bekannt. Wir könnten ein Foto rumgehen lassen.«

»Klar, ohne Augen kommt immer gut bei denen. Das könnte eine Panik auslösen, die vielleicht völlig unbegründet wäre.«

»Hm ... stimmt. Daran hatte ich gar nicht gedacht.«

»Und solche Typen leben auch in ganz gewöhnlichen Familien«, fügte Jan hinzu. »Nur weil einer etwas heruntergekommen ist und säuft, muss er ja noch nicht auf der Straße leben.«

»Aber es könnte sein«, beharrte Lisa. Sie wollte sich noch nicht von dieser Theorie verabschieden, wenn es dadurch auch nur das Fünkchen Hoffnung gab, das Opfer schneller zu identifizieren. Man konnte ja unmöglich bei allen prekären Haushalten klingeln. Aber sie konnte in der Liste der als vermisst gemeldeten Personen nachsehen. Sie sprang auf und ging zu ihrem Schreibtisch.

»Was machst du?«, fragte Jan.

»Ich guck mal in die Vermisstendatei«, sagte sie und scrollte sich kurz darauf durch die Gesichter.

»Und? Was dabei?« Selbst Jan wünschte sich in diesem Moment, dass Lisa recht hatte.

»Sieht nicht so aus«, sagte sie enttäuscht. »Auch wenn man bei dem Foto, das Ole mitgeschickt hat, alle Augen zudrücken könnte.«

Augen, dachte Jan. Warum entfernte ein Täter seinem Opfer die Augen? Hatte der Mann etwas gesehen, dass er nicht sehen durfte? Und die Zunge? Sprechen hätte er ja nicht mehr können, als er tot war. Aber wenn alles symbolisch zu verstehen war, waren derartige Überlegungen sowieso überflüssig.

»Ich werde mal bei den Obdachlosenheimen vorbeifahren«, sagte Lisa schließlich und machte ihren PC wieder aus. »Willst du mitkommen?«

Jan hatte keine rechte Lust dazu und winkte ab.

»Nein, geh du nur«, antwortete er. »Ich hab noch etwas zu erledigen.«

Kurz, nachdem Lisa gegangen war, machte sich auch Jan auf den Weg zu seinem Lieblingströdler am Stadtrand von Aurich. Dort hatte er das letzte Mal eine alte Stehlampe ergattert, die ihn an irgendetwas erinnerte. Doch er wusste nicht genau, woran. Es war nur ein Gefühl von etwas gewesen, das ihn bewogen hatte, den alten verstaubten roten Schirm mit dem blassen Muster zu berühren. Die kannst du für zehn Euro haben, hatte der Händler gesagt. Und da hatte ihm die Lampe auch noch leidgetan, weil sie so wenig wertgeschätzt wurde. Schließlich hatte er sie mit einer alten Teekanne zum Auto getragen. Er fand immer etwas, wenn er dort stöberte.

Die Türglocke gab ein helles Bimbim von sich, als Jan eintrat.

»He Jan, du schon wieder«, lachte der Händler. Die Sache mit der Lampe war noch gar nicht so lange her.

»Ich brauche diesmal ein Sofa«, sagte Jan.

»Das Alte beim Umzug in die Brüche gegangen?«

»Nein, da sitzt jetzt ein großer alter Hund drauf, den ich heute Morgen aus dem Tierheim geholt habe.«

»Also untervermietet, verstehe.« Der Händler kratzte sich am Kopf und zerzauste dadurch das schüttere Haar, das sich standhaft auf seinem Schädel hielt. Er sah sich in der großen Halle um und lief dann in eine Richtung voraus. »Komm mit«, sagte er.

Jan lief hinter ihm her. Aus einigen Ecken roch es verdammt modrig.

»Hier, was hältst du davon?« Begeistert stemmte der Mann seine Hände in die Seite, gerade so, als würde er hier den nächsten Preisträger für Möbeldesign präsentieren.

Das Sofa war flaschengrün, hatte ein großes dunkles sich farblich kaum absetzendes Muster und war an der rechten Armlehne ziemlich verschlissen.

Jan wusste, dass er hier nicht lange herumlavieren musste, wenn ihm etwas nicht gefiel, und zeigte dem Händler einen nach unten gewandten Daumen.

»Alles klar«, lachte der Mann. »Hat sicher auch schon eine Katze draufgepinkelt, so wie die Lehne aussieht. Das würde deinem Bello sicher nicht gefallen.«

»Chief«, korrigierte Jan. »Mein Hund heißt Chief.«

»Echt jetzt? Dann passt er ja zu dir.«

»Stimmt. Aber er hieß schon so, als ich ihn aus dem Tierheim geholt habe«, erklärte Jan, der bereits denselben

Gedanken gehabt hatte. Nämlich, dass Chief nicht ohne Grund bei ihm war.

»Ist sowieso alles vorherbestimmt«, sagte der Mann, »kannste gar nichts dran machen. Wenn de dran biss, bisse dran.«

Sicher sah das Opfer von heute Vormittag das ganz anders. Aber auch dafür war es nun zu spät.

»Hier hab ich noch ein kleines Schmuckstück«, sagte der Mann triumphierend und blieb vor einem wuchtigen Möbelteil stehen, das tatsächlich allen anderen um es hierum die Show stahl.

»Das ist so ein XXL-Teil, die vor ein paar Jahren so richtig in Mode waren«, erklärte der Händler. »Hab ich erst vor ein paar Wochen reingekriegt. Kostet dich `nen Hunni, weil man dir dein Sofa ja geklaut hat. Finde ich übrigens gut, wenn man Hunde aus dem Tierheim holt. Wer kümmert sich denn sonst noch um die armen Kreaturen, die keiner mehr liebhat.« Er lachte fröhlich.

Da war sie wieder, dachte Jan. Diese unbändige Liebe zu Tieren. Ob er aus Spaß mal fragen sollte, wie es der Schwiegermutter des Händlers ging?

»Setz dich doch mal rein«, sagte der Mann.

Jan folgte seiner Aufforderung und nahm Platz. Es war genauso, als habe er nie woanders drauf gesessen. Es stimmte, entweder saß man auf einem Sofa oder man saß darin. Und dieses hier fühlte sich an, als habe er darauf Maß genommen, bevor es angefertigt wurde.

»Da muss ich gar nicht mehr lange überlegen«, sagte Jan. »Wann kannst du liefern?«

»Übermorgen«, sagte der Mann. Und darauf trinken wir jetzt erst mal einen, um das Geschäft zu besiegeln.

Eigentlich wollte Jan nicht, doch er tat ihm den Gefallen und ging mit in die sogenannten Büroräume, die sich vom Trödelladen vorne kaum unterschieden. Auch hier stapelten sich Kisten und Kartons, aus denen allerlei Krempel herausquoll.

Sie setzten sich auf zwei freie Stühle und der Händler brachte eine Flasche Klaren mit zwei urigen Schnapsgläsern auf den Tisch, die an den Seiten schwarze Ohren hatten.

»Die sind aus einer Mickey Mouse Sammlung, die ich letzte Woche aufgelöst habe«, erklärte der Händler, als er Jans Blick sah. »Die Leute sammeln alles, da machst du dir kein Bild von.«

Er schenkte ein und sie stießen an.

»Buah ...«, machte Jan. Es kam nicht oft vor, dass er klaren Schnaps trank. Er liebte seine langen Abend mit einer schönen Flasche Rotwein auf dem Sofa. »Der schmeckt besser, als er riecht«, sagte der Mann und wollte schon nachschenken, doch Jan winkte ab.

»Einer reicht wirklich, danke.«

»Ich genehmige mir noch einen, du weißt ja, die Sache mit dem einen Bein und so ...« er kippte seinen Kopf nach hinten.

Jan nahm die vielen Gerüche wahr, die sich hier sammelten. Es roch nach alter Kleidung, benutztem Geschirr und Mottenkugeln. Keinen einzigen Tag würde er es hier aushalten. Und dann filterte er noch einen anderen Geruch heraus, der ihm in die Nase stieg, als der Händler aufstand, um die Flasche wieder in den Kühlschrank zu stellen. Er hatte darauf gesessen, dem alten Lappen, den viele dunkle Flecken zierten. Und jetzt, da der Lappen freigelegt war und praktisch wieder atmen konnte, da verströmte er den Geruch nach ... Jan schnüffelte noch einmal. Ja, es war eindeutig der Geruch nach Benzin. Und das wiederum erinnerte ihn an den Bericht von Ole Meemken. Hatte er darin nicht auch erwähnt, dass die Kleidung des Opfers nach Benzin gerochen hatte? Diese Erkenntnis konnte zu allem Möglichen führen. Und genau darüber würde Jan sich gleich bei einem schönen Rotwein den Kopf zerbrechen.

»Was hast du mit dem Lappen da gemacht?«, fragte Jan den Händler, bevor er ging.

»Der? Ach, damit hab ich ein paar alte rostige Kessel gereinigt. Willst du den auch kaufen?« Er lachte lauthals auf.

Jan grinste und winkte zum Abschied. »Ich warte auf das Sofa.«

Dann schloss er die Tür mit einem erneuten BimBim hinter sich.

Chief lag vor der Haustür, als Jan aufschloss. Entwickelte er jetzt etwa Beschützerinstinkte? Oder war er durch einen Fremden, der an seiner Tür geklingelt hatte, aus seinem Schlaf geholt worden? Über solche Dinge würde Jan sich zukünftig den Kopf zerbrechen müssen, wenn er einen Hund im Haus hatte. Früher habe ich nie darüber nachgedacht, ob jemand bei mir war, während ich unterwegs war, dachte Jan irritiert, als er in die große Küche zur Anrichte ging und sich die Flasche Rotwein und ein Glas nahm.

Sogar beim Sofa ließ Chief seinem Herrchen den Vortritt und sprang erst rauf, als Jan sich genüsslich zurücklehnte. Offensichtlich hatte Chief beschlossen, dass sie ab sofort ein Team seien, dachte Jan belustigt und kraulte den großen Kopf des Hundes, der dankbar die Augen schloss vor Wonne.

Jede Beziehung beruht auf Gegenseitigkeit, dachte Jan. Auch die zwischen Mensch und Tier. Oder vielleicht gerade diese.

»Nicht schlafen Faulpelz, wir müssen arbeiten«, flüsterte er in das große Ohr. »Was fällt dir zu Benzin ein?« Doch Chief dachte gar nicht daran, sich jetzt den Kopf zu zerbrechen und legte seine Schnauze auf Jans Beine, die er in lockerer Stellung auf den großen Holztisch gelegt hatte.

Jan nahm einen ersten Schluck von seinem Rotwein und sah aus dem Fenster in den nahegelegenen Wald. Da draußen waren jetzt vielleicht Menschen unterwegs, die nicht nur zum Spazierengehen dort waren. Warum hatten sie sich für das massakrierte Opfer gerade Tannenhausen ausgesucht? Oder war das Zufall? Der Mann könnte auch ein Gast von dem nahegelegenen Campingplatz gewesen sein. Das wäre denkbar. Aber er sah nach Oles Beschreibung wahrlich nicht wie jemand aus, den man aus niederen Beweggründen überfiel, um dessen Hab und Gut an sich zu bringen. Nein, da steckte etwas anderes dahinter. Aber was?

»Benzin«, sagte Jan und spielte an Chiefs Ohr herum. Der Hund genoss es und gab einen genüsslichen Seufzer von sich. Benzin war in vielerlei Hinsicht nützlich. Es wurde für den Wagen gebraucht. Aber es war bisher kein verlassener Wagen gemeldet worden, den man dem Opfer hätte zuordnen können. Bisher wussten sie ja nicht einmal, wer das Opfer überhaupt war.

Mit Benzin wurde Metall gereinigt. Das hatte er heute Nachmittag von seinem Trödler erfahren. Und natürlich roch es auch in einer Autowerkstatt nach Benzin, sinnierte Jan. Doch wie schaffte er es, diesen ganzen Überlegungen den roten Faden anzulegen, damit alles einen Sinn ergab? Half ihnen das Wort Benzin überhaupt weiter? Er trank das Rotweinglas ganz leer, stellte es auf dem Tisch ab, ohne Chief auf seinen Beinen zu stören und legte seinen Kopf nach hinten und schloss die Augen.

Und so schliefen sie ein, zwei Freunde, die am Morgen noch gar nichts von der Existenz des anderen gewusst hatten.

Im Nirgendwo

Es war nicht schwer gewesen, die vollbusige Blondine zum Mitkommen zu bewegen. Ein paar Hunderter kurz in der Jackentasche angedeutet, hatten genügt. Und dass sie zu zweit waren, hatte sie auch nicht gestört. Sie war sich mit ihrer Zunge über die übertrieben rot angemalten Lippen gefahren und hatte anzüglich gelacht. Er war dreckig, der Job, den sie erledigte. Doch vielleicht war ihrer noch viel schmutziger.

Sie hatten ihr ein mit Chloroform getränktes Taschentuch auf den Mund gedrückt, als sie im Wagen wild mit den Armen anfing herumzufuchteln, als sie zu ahnen begann, dass es hier nicht um das Übliche ging. Kurz darauf war sie in sich zusammengesackt, so, als habe es sie nie gegeben.

Obwohl sie üppig wirkte, war sie ganz leicht von den beiden Männern reinzutragen gewesen. Jetzt lag sie da, die Beine obszön gespreizt unter ihrem kurzen billigen Rock, der ein paar Glitzersternchen auf dem Weg bis hierher eingebüßt hatte.

Das war die Aufgabe gewesen, jemanden aus dem Leben zu reißen, der niemandem etwas bedeutete. Und bei einer Hure ging doch jeder davon aus, oder? Jedenfalls waren sie zu dem Schluss gekommen, als sie ziellos durch die Straßen gefahren waren.

Es war die Zeit gewesen, wo sittsame Frauen ihren Männern das Bier holten, während die anderen ihre Röcke rafften, um für Geld alles zu tun. Und dabei war Geld doch nichts weiter als bedrucktes Papier. Und dafür wurden Morde begangen. Das indes hatte aber mit ihren Motiven nicht das geringste zu tun. Es ging um Höheres.

Der eine schob den Rock der Blonden etwas höher, als der andere die Kamera genau zwischen ihre Beine schob. Es war also kein Märchen, es gab tatsächlich Frauen, die darunter nichts trugen.

Anschließend schob Nummer eins das knappe Top bis unter das Kinn der Frau, so dass die schweren Brüste zur Seite kippten. Als auch das gefilmt war, legten sie sie auf den Bauch, um ihren opulenten Po in Szene zu setzen. All das konnte man für Geld haben, sagte der eine. Worauf der andere erwiderte, dass er sich noch nie viel aus Geld gemacht habe. Und aus solchen Frauen schon mal gar nicht.

Der Erste breitete eine große Folie auf dem Boden aus, worauf sie die immer noch Bewusstlose dann auf den Rücken legten.

Ohne Ziel

Jan wachte mit Chief im Arm auf dem Sofa auf. Sie mussten sich im Schlaf gemeinsam gedreht haben.

»Aufwachen«, murmelte Jan, der sich wunderte, dass er von nur einem Glas Rotwein so gut hatte schlafen können.

Chief rutschte quasi vom Sofa und räkelte sich jetzt in den ersten Sonnenstrahlen auf dem Holzfußboden.

Jan ging ins Bad, zog sich aus und stellte sich unter die Dusche. Dabei ging ihm durch den Kopf, dass Chief eigentlich gar nicht richtig roch. Jedenfalls nicht so, wie man es von vielen Hunden gewöhnt war. Erdig und manchmal auch nach Hund eben. Desdemona hatte auch nicht gerochen. Jedenfalls nicht unangenehm. Jedes Tier hatte seine eigene Marke, dachte er, als er sich am Duschgel bediente, das nach Zedernholz duftete. Menschen versuchten immer anders zu riechen als sie selbst.

Als er aus dem Bad kam, war der Kaffee bereits durchgelaufen. Er schmierte für Chief ein Leberwurstbrot und begnügte sich selbst mit einem Knäckebrot mit einer Scheibe Käse. Er stellte sich ans Fenster, während er aß. Chief kroch wieder auf das Sofa, als er fertig war. Ob er raus musste, fragte sich Jan. Der Gedanke, jetzt wieder mit

Chief durch den Wald zu gehen, reizte ihn. Doch wenn er auf die alte Uhr an der Wand sah, dann war diese Idee völlig indiskutabel, erklärte er Chief in Gedanken. Sicher wartete Lisa schon auf ihn.

Als er seinen Kaffee aufhatte, drückte er Chief einen dicken Kuss auf die fellige Stirn. »Wenn du raus musst, geh einfach an die Hintertür«, sagte er, als ob der Hund ihn verstehen würde. »Die schließe ich nie ab.«

Lisas Wagen war erwartungsgemäß schon da, als Jan seinen Motor ausstellte. Er hatte wegen seines Tiefschlafs noch immer keine Lösung für das Problem mit dem Benzingeruch. Er war gespannt auf Lisas Theorie dazu. Es war keine Frage, seine Kollegin wurde immer besser mit jeder Ermittlung. Und diesen Fortschritt schrieb er keineswegs sich, sondern nur ihrer enormen Cleverness zu.

»Guten Morgen«, rief er bewusst frohgelaunt und sie sah argwöhnisch von ihrem PC auf.

»Wenn das schon so losgeht, hast du bestimmt ein schlechtes Gewissen«, unkte sie.

»Müsste ich denn eines haben?«, fragte Jan zurück und lümmelte sich auf seinen Schreibtisch.

»Vielleicht. Aber das müssen wir jetzt nicht ausdiskutieren. Ich war gestern noch bei der

Obdachloseneinrichtung, aber man kannte den Toten vom Foto her nicht. Allerdings hat man mir da zugesichert, sich auch bei anderen umliegenden Stationen zu erkundigen.«

»Es war ja auch nur ein Anhaltspunkt. Vielleicht ist er ja auch ein einfacher Automechaniker in einer kleinen einsamen Zwei-Zimmer-Wohnung gewesen.«

»Automechaniker? Wie kommst du denn jetzt darauf?«

»Wegen des Benzingeruchs an seiner Kleidung«, erklärte Jan. »Ich war gestern noch bei meinem Trödler, und da lag auch so ein schmutziger Lappen mit Benzingeruch herum.«

»Aha ...«

»Ja. Und er erklärte mir, dass er damit alte Kessel gereinigt hat.«

»Okay. Dann ist Automechaniker sicher eine von vielen möglichen Erklärungen. Allerdings wird er doch wohl nicht in seiner Alltagskleidung an Autos herumgeschraubt haben«, wandte Lisa ein.

»Bestimmt nicht. Aber ist es nicht so, dass deine sämtliche Kleidung den Geruch deines Alltags annimmt?«

»Dann riechen wir bitteschön wonach?«

Jan überlegte einen kurzen Augenblick. »Vielleicht riechen wir schon nach Tod«, sagte er und lachte nicht dabei.

»Das wäre dann wohl eher der Part für die Mörder, würde ich sagen. Wir müssten dann nach Hoffnung riechen.« Sie versuchte, ernst zu bleiben.

»Das klingt viel schöner, dann nehmen wir das.«

Jan stand auf und setzte sich jetzt an seinen Schreibtisch.

»Was jetzt?«, fragte Lisa ungeduldig.

»Ich hab keine Ahnung ...« Er spielte an der Tastatur seines PCs herum.

»Verdammt. Wenn wir doch bloß wüssten, wer der Tote ist. Wo um Himmels willen sollen wir denn jetzt nach einem Täter suchen, wenn wir nicht mal wissen, wer der Tote ist?« Lisa trat gegen den Schreibtisch.

Warum ist sie nur so aufgedreht?, fragte sich Jan.

»Wir müssen Geduld haben«, sagte er. »Es wird sich schon noch jemand melden, der ihn vermisst.«

»Deinen Optimismus möchte ich haben. Es stinkt mir einfach, dass ich jetzt nichts tun kann.«

»Wir könnten ja was tun«, sagte Jan.

»Ach ja?«

»Ich habe darüber nachgedacht, den Hof mit den Jugendlichen zu durchsuchen.«

Ungläubig sah ihn Lisa an. »Gute Idee. Aber warum? Es gibt doch keine Hinweise darauf, dass die Bewohner etwas mit dem Mord zu tun haben. Oder habe ich da etwas nicht mitbekommen?«

Natürlich hatte Lisa recht. Es war wie immer nur so ein Gefühl. Aber aufgrund dessen würde kein Staatsanwalt der Welt einen Durchsuchungsbeschluss ausstellen.

»Und? Spann mich nicht auf die Folter«, bohrte Lisa nochmal nach.

Jan zuckte mit den Schultern. »Du hast recht, es gibt keinen dringenden Verdacht.«

»Also wieder nur deine Vorahnung, hab ich recht? Das dürfte aber nicht reichen.«

»Ich weiß ...«

»Okay. Dann bleibt uns nur noch eines«, Lisa wirkte, als habe sie soeben ihren Tatendrang wiederentdeckt.

»Jetzt machst du mich aber neugierig«, Jan lehnte sich gespannt nach vorne.

»Ist doch ganz einfach«, zwitscherte sie. »Wenn wir nichts Offizielles in der Hand haben, dann müssen wir eben ein bisschen mit Chief spazieren gehen.«

Jan hatte verstanden.

»Dann komm«, sagte er, und sie liefen zum Wagen.

Als sie bei Jan ins Haus kamen, lag Chief wider Erwarten nicht vor der Tür, noch genoss er die Gemütlichkeit auf dem Sofa.

»Chief!«, rief Jan und lief in den hinteren Bereich. Die Tür nach hinten raus stand offen. »Gott sei Dank«, sagte er.

»Na, so würde ich aber nicht reagieren, wenn meine Haustür sperrangelweit aufstehen würde«, meinte Lisa, die ihm gefolgt war.

»Das ist schon Okay. Ich hatte Chief vorhin gesagt, dass er zur Hintertür rausgehen könnte, wenn er mal müsste. Offensichtlich ist er draußen und kommt bestimmt bald wieder.«

»Na, ihr seid ja ein Gespann«, meinte Lisa. »Machst du uns einen Kaffee, bis der werte Herr wieder eintrifft?«

»Klar, uns drängt ja nichts.«

»Und niemand«, ergänzte Lisa.

Kurz darauf saßen sie auf dem großen Sofa in der Küche.

»Der haart aber ganz schön«, sagte Lisa und klaubte eine Wolke aus fedrig weichen Haaren von der Rückenlehne.

»Na ja, bei der Menge an Fell müsste einen alles andere ja auch wundern«, sagte Jan gelassen, dem es nichts das geringste ausmachte. »Aber ich bekomme demnächst ein zweites Sofa, dann wird Chief nur noch auf dem liegen.«

»Der Hund kriegt ein eigenes Sofa, ich glaube ich spinne.« Lisa fasste sich an die Stirn.

Es knarrte im hinteren Flur und kurz darauf kam Chief gemächlich in die Küche marschiert.

»Siehst du«, sagte Jan, »läuft doch alles ganz easy.«

Chief stand ratlos vor dem Sofa, auf dem für ihn ganz offensichtlich kein Platz mehr zu sein schien.

»Jetzt wird nicht geschlafen, sondern ermittelt, lieber Herr Hund«, sagte Lisa und strich Chief über den Kopf. Das Tier quittierte es mit einem Gähnen. »Keine Ausreden«, bekräftigte sie, »geschlafen wird später.«

Sie schwiegen, während sie zum Hof der Jugendlichen liefen, und platzierten sich auf ihren Beobachtungsposten im Gebüsch ganz in der Nähe.

»Und was genau suchen wir hier?«, fragte Lisa, die eben die Bekanntschaft mit einer Brennnessel gemacht hatte und ihren Arm rieb.

»Das kann ich noch nicht sagen«, meinte Jan. »Im Prinzip nach Auffälligkeiten. In welcher Form auch immer.«

»Na dann ...« Lisa lehnte sich an einen Baum und ließ ihren Blick wandern.

Es geschah lange nichts, und auch Jan fand die Idee, hier im Versteck zu hocken, langsam albern. Doch dann hörte er plötzlich ein Geräusch, das immer näher zum Hof kam.

»Ist das ein Mofa?«, fragte Lisa als Erste.

»Könnte sein.«

Und dann hatten sie Gewissheit. Zwei Jungen, die Jan bereits auf dem Hof kennen gelernt hatte, kamen mit einer Mofa praktisch direkt an ihnen vorbeigefahren, ohne sie zu bemerken. Der eine saß am Lenker und der andere seitlich auf dem Gepäckträger und hielt sich am Vordermann fest.

»Benzin«, flüsterte Jan.

Sie beobachteten, wie die beiden Jungen ein großes Scheunentor öffneten und die Mofa hineinschoben.

»Und eine Scheune«, sagte Lisa, »in der man allerhand unentdeckt erledigen kann.«

Jan nickte und Chief saß zwischen ihnen beiden und reckte seinen Hals so weit es ging in die Richtung, wo die Jungen verschwunden waren.

»Ich denke, das würde für einen Durchsuchungsbeschluss reichen«, meinte Jan. »Lass uns zurück zum Haus gehen.«

»Also, wenn wir schon mal hier sind, dann könnten wir doch auch mal klingeln«, meinte Lisa.

Jan hatte gehofft, dass sie das sagen würde.

Erst nach dreimaligem Klingeln machte Alex auf.

»Ihr?«, fragte sie nur. »Also, Jenny ist nicht da, falls du sie noch einmal befragen willst, Jan.«

»Ich wollte nicht direkt zu Jenny«, antwortete er. »Aber wo ist sie denn?«

»Sie musste zurück in die Geschlossene gebracht werden«, sagte Alex und ihr schwammen plötzlich Tränen in den Augen. Sie schluckte. »Es war wegen der Katze. Sie ist nicht damit fertig geworden. Und dann hat ihr noch einer von den Jungen erzählt, was mit Kitty passiert ist. Da war alles aus. Sie war kaum noch ansprechbar.« Sie zog ein Taschentusch aus der Hosentasche und schnäuzte sich.

»Das tut uns furchtbar leid«, versicherte Lisa.

»Welcher von den Jungen hat ihr denn alles erzählt?«, fragte Jan.

»Hm ... das war Lenny«, sagte Alex und kräuselte die Stirn. »Ich hab ihm gleich die Leviten gelesen, aber ihr wisst ja sicher auch, wie Jugendliche manchmal sind.«

Jan und Lisa nickten.

»Wollt ihr vielleicht reinkommen?«, fragte Alex. »Sorry, ich lass euch hier draußen einfach so stehen ...« Sie machte eine einladende Handbewegung.

»Gerne«, sagte Jan und Chief war der Erste, der in der Küche ankam.

Von den Jugendlichen war dort keiner zu sehen. Aber auf dem Tisch stand jede Menge benutztes Geschirr.

»Entschuldigung für das Chaos«, sagte Alex. »Aber das bleibt hier so lange stehen, bis sich einer erbarmt. Sie sind hier nicht im Hotel. Aber einige haben das immer noch nicht verstanden. Und solange kein Freiwilliger anfängt, es wegzuräumen, gibt es auch nichts mehr aus der Küche.«

»Puh, deinen Job möchte ich auch nicht geschenkt haben«, meinte Lisa.

»Stimmt. Ist manchmal wirklich anstrengend. Aber ich habe schon immer ein Helfersyndrom gehabt«, erklärte Alex. »Und diese Jugendlichen haben alle Schreckliches hinter sich, das könnt ihr mir glauben.«

»Wir haben gerade draußen zwei Jungen mit einer Mofa gesehen«, sagte Jan, um das Ganze wieder aufzulockern.

»Ach, das waren sicher Knox und Lenny.«

Also der, der Jenny so übel mitgespielt hatte. Das passte ins Bild.

»Wenn ich du wäre, dann hätte ich Lenny zum Kücheaufräumen verdonnert«, sagte Jan.

»Ach, der hat schon seine Lektion gelernt«, meinte Alex. Wenn ich ihn jetzt zu sehr downe, dann gewinnen wieder andere Oberhand über ihn und er macht wieder komplett dicht.«

»Vielleicht könnten wir ja mal einen Blick in die Scheune werfen?«, fragte Jan und ließ es belanglos, ja fast desinteressiert klingen.

»Wegen der Mofa?«, fragte Alex. »He, die sind beide fünfzehn, die dürfen damit fahren. Und frisiert ist sie auch nicht.«

»Hm ... ja, muss auch nicht sein«, wiegelte Jan ab.

Und schon hatte er Alex durch die Hintertür den schwarzen Peter zugespielt.

»Also«, meinte sie nach kurzem Zögern. »Wir haben da nichts zu verstecken. Wenn ihr wollt, dann geht gerne rein. Die Tür müsste noch offen sein.«

Sie unterhielten sich noch ein paar Minuten über Belanglosigkeiten und dann gingen Jan und Lisa mit Chief vor die Tür.

»Das hast du ja wieder ganz geschickt eingefädelt«, lachte Lisa.

Und im nächsten Moment war Jan in der Scheune verschwunden.

Lisa setzte sich auf einen Baumstamm und streichelte Chief über den Kopf, während sie wartete. So konnte sie beobachten, ob es irgendjemandem Herzklopfen bereitete, wenn sie in der Scheune herumschnüffelten. Doch weder sah jemand zum Fenster heraus schauen, noch kam jemand an die Tür.

»Auf den ersten Blick Fehlanzeige«, sagte Jan, als er wieder aus der Scheune herauskam. »Es gibt zwar ein paar Putzlappen, die nach Benzin riechen, aber weder Folterinstrumente noch verlorene Augen oder Blutspuren konnte ich entdecken.«

Zerstörte Kindheit

Immer, wenn er sich die Knie aufschrammte oder am Kopf stieß, geriet seine Mutter in Panik. Er war ihr einziges Kind, das sie verhältnismäßig spät mit Mitte vierzig geboren hatte. Während der ersten Monate mutierte sie zur sprichwörtlichen Löwin, die ihr Junges verteidigte und beschützte, egal, wer sich ihr in den Weg stellte.

Jeden schien ihr Verhalten zu beeindrucken. Nur ihn nicht.

Schon als Fünfjähriger im Kindergarten schubste er kleine Mädchen vom Stuhl und trat mit acht mit der ganzen Fußsohle nach seinen Schulkameraden, so dass sie blaue Striemen davontrugen.

Nahm man ihn zur Seite, um ihn zu maßregeln, sah man ihm keine Reue an. Und nicht einmal ein Grinsen, das einigen überaus gewissenlosen Jungen manchmal über das Gesicht huschte, wenn man sich keinen Rat mehr wusste, veränderte seine stoischen Gesichtszüge.

Lehrer strichen ratlos die pädagogischen Segel und so landete er schließlich in einem Internat für schwer erziehbare Kinder.

Seiner Mutter brach das Herz, doch was hätte sie noch für ihren Jungen tun sollen, nachdem er sich so partout nicht hatte helfen lassen wollen, als es noch Zeit dafür gewesen wäre?

Der Junge konnte machen, was er wollte, sie gab sich an allem die Schuld. Es war ihre Schuld gewesen, dass der Vater des Jungen nicht einmal das Ende der Schwangerschaft abgewartet hatte, bevor er seine sich anbahnende Familie verließ.

Es war ihre Schuld, dass der Junge so gewalttätig gegen andere war, obwohl ihr jeder sagte, sie habe nichts, aber auch gar nichts in der Erziehung falsch gemacht. Obwohl der Junge ohne Vaterfigur aufwuchs, gab es genügend Freunde und Bekannte, mit denen das Kind regelmäßig in Kontakt stand. Es gab Vorbildfiguren. Doch das Kind wollte sich an keines halten.

Es war nur eine Frage der Zeit gewesen, bis die Mutter schließlich alleine in ihrem Haus einen Nervenzusammenbruch erlitt und in einer Klinik landete, aus der sie nie wieder herausfand.

Die Welt schien wieder in Ordnung. Man hatte den Grund für das abnorme Verhalten des Jungen gefunden. Es war die Mutter. Wenn sie schwach und labil war, dann war es nur eine logische Folge, dass der Nachwuchs auch nicht richtig funktionierte.

Das Internat wurde für den Jungen zum zweiten zuhause. Während andere Jugendliche an den Wochenenden und Feiertagen abgeholt wurden, blieb er alleine zurück und spießte Frösche auf.

Desto älter er wurde, desto unheimlicher wurde sein Blick. Lehrerinnen weigerten sich, diesen Jungen mit der Maske zu unterrichten. Ja, mehr noch. Sie fürchteten sich vor ihm. Es war längst kein Geheimnis mehr, dass er Tiere quälte. Wie lange würde es dauern, bis er sich jemanden aus dem Lehrkörper vorknöpfte? Keiner hatte Lust, hier den Vorreiter zu spielen.

Der Direktor, den man hinter vorgehaltener Hand immer öfter aufforderte, dieses unmenschliche Wesen diskret zu entfernen, lag im Zwiespalt mit sich und seinem Gewissen. Denn die Zensuren des Jungen waren exzellent. Er war einer der besten Schüler. Mit welcher Begründung hätte er ihn der Schule verweisen sollen? Fast war er geneigt, sich schlimmere Vorfälle zu wünschen, die ihm eine reine Weste beschert hätten.

Doch der Junge tat ihm den Gefallen nicht. Er trieb sein böses Spiel im Dunklen, wenn keiner ihn mehr sah. Denn eines hatte er gelernt. Er war anders als die anderen. Und jeder Versuch, ihre Aufmerksamkeit zu erlangen, schlug fehl. Und dabei hatte er sich doch solche Mühe gegeben, etwas Besonderes zu sein.

Nachts schlich er auf dem Gelände der Schule herum, um in die Fenster der heranwachsenden Schülerinnen zu starren, wenn sie sich für die Nacht vorbereiteten. Und nicht selten beobachtete er, dass sie nicht alleine unter die Decke krochen.

Er beneidete seine Nebenbuhler, die diese hübschesten aller Schülerinnen durch ein strahlendes Lächeln für sich und ihre Pläne gewinnen konnten. Ihm gelang vieles, doch das schaffte er nie.

Irgendwann Opfer sein

Seit Tagen quälten Jan und Lisa sich durch irgendwelche ähnlich gelagerten Fälle. Noch immer stand die Identität des Opfers nicht fest.

Jan war geneigt, der Variante mit dem Landstreicher den Vorzug zu geben. Er konnte überall hergekommen sein. Weder seine Fingerabdrücke noch sein von zahlreichen Lücken verziertes Gebiss konnte Aufschluss darüber geben, wer er war.

Die Theorie der involvierten Jugendlichen mochte Jan noch nicht zu den Akten legen, doch Lisas Einwände, dass er sich da in etwas verrannte, setzten selbst ihn mit der Zeit Schach matt. Er gab zu, dass es ziemlich weit hergeholt sei, dass pubertäre Teenager Menschen die Augen ausstachen. Dafür war sicher eine gewisse Reife notwendig, hatte er sarkastisch angemerkt.

Jenny war aus der Geschlossenen wieder entlassen worden und lebte wieder in der Gemeinschaft.

Alles lief wieder normal. Normal?

Jan drehte lange an diesem Wort herum. Was war schon normal? Wo kam der Ausdruck überhaupt her? Mit sich selber würde er ihn nie in Zusammenhang sehen, obwohl er keine Menschen umbrachte. War Lisa normal?

Auf viele wirkte sie bestimmt so. Doch war man überhaupt normal, wenn man sich den lieben langen Tag mit Verbrechen beschäftigte, anstatt sich mit den schönen Dingen des Lebens zu umgeben?

Was war an seinem Leben noch schön? Und noch ehe er den Gedanken zu Ende gedacht hatte, schoss ihm Chief in den Kopf. Ja, es war schön, mit Chief zu leben. Ging es ohne ihn überhaupt noch? Und wenn er so über einen Hund dachte, war das normal?

Er schlug sanft mit dem Kopf auf den Schreibtisch über diesen Gedanken, die ihn schläfrig gemacht hatten.

»Jan? Alles in Ordnung?«, fragte Lisa überrascht, die an ihrem PC noch einmal die Vermisstendatei durchging.

»Alles normal«, kam es von seinem Schreibtisch und er lachte auf.

»Was ist so komisch?«

»Ach … das kann ich nicht erklären«, sagte er.

Dann klingelte das Telefon auf Lisas Schreibtisch.

Ihr Gesicht war leichenblass, als sie wieder aufgelegt hatte.

»Was ist los?«, fragte Jan, der schon das Gespräch etwas merkwürdig fand. Immer wieder hatte sie nur kurz nachgefragt und sich dann sogar schließlich entsetzt an die Brust gefasst.

»Man hat eine Frauenleiche gefunden«, antwortete sie. »Sie ist ziemlich übel zugerichtet.«

Jan baute automatisch eine Verbindung zu ihrem namenlosen Opfer auf.

»Wo?«, fragte er.

»Auf einem Rastplatz Richtung Esens. Sie lag in einem Gebüsch nahe einer Mülltonne. Ein Wochenendpendler, der sich noch einmal erleichtern wollte, bevor er nach Bottrop runterfährt, hat sie entdeckt.«

»Dann lass uns hin«, sagte Jan, »vielleicht gibt es einen Zusammenhang.

Lisa wusste sofort, was er meinte.

Ole Meemken kroch bereits auf Knien um die Tote herum, als sie bei dem Rastplatz eintrafen.

»Oh mein Gott«, stieß Lisa aus. Und auch Jan verschlug es die Sprache.

Der Frauenkörper lag da wie eine dahin geworfene Puppe. Ein Arm zeigte zur Seite und der anderen nach oben. Ein Bein war angewinkelt, das andere unnatürlich abgespreizt.

Doch das war noch nicht das Schlimmste. Der Rock war zu einer Wurst hochgeschoben und verbarg im Grunde nichts mehr. Das Shirt war vorne aufgeschnitten wie auch der BH und legte große Brüste frei, die brutal massakriert worden waren.

»Sind das Geldscheine?«, fragte Jan, als er sich tiefer heruntergebeugt hatte.

»Ich fürchte ja«, antwortete Ole und zeigte auf die rechte Brust, die eine tiefe Wunde hatte, aus der etwas herausragte. »Das müssten ganz besonders perverse Schweine gewesen sein, die glauben, für Geld alles tun zu dürfen.«

»Du denkst, es ist eine Professionelle?«, fragte Lisa, die sich im ersten Augenblick fast hätte übergeben müssen.

»Bei dem Erscheinungsbild eigentlich zu hundert Prozent«, meinte Ole. »Und auch im Genitalbereich sind sie nicht gerade zimperlich vorgegangen.«

»Das ist ja abartig.« Lisa wandte sich ab und ging in einigem Abstand um den Tatort herum, um nach weiteren Indizien zu suchen.

Jan war sich sicher, dass Lisa noch lange daran zu knabbern haben würde.

»Sie wurde also vergewaltigt?«, fragte Jan.

»Kann man eine Hure vergewaltigen?«, fragte Ole zurück.

Und Jan war einmal mehr froh, dass Lisa jetzt nicht in der Nähe war.

»Das denke ich schon«, sagte er kühl. Denn selbst ihm war dieser Macho-Spruch des Gerichtsmediziners zu weit unter der Gürtellinie. Es ging niemanden etwas an, womit eine Frau ihr Geld verdiente. Doch auch sie hatte ein Anrecht auf eine menschliche Behandlung und nötigenfalls Wahrung ihrer Rechte durch das Gesetz.

»Na ja, wie dem auch sei«, meinte Ole, der die Distanz, die zwischen ihm und Jan entstanden war, gespürt hatte, »sie wurde penetriert, aber nicht mit einem Glied, sondern eher mit einem Messer oder einer anderen Waffe. Das müsste ich dann noch näher untersuchen in Oldenburg.«

»Hatte sie etwas dabei, womit man ihre Identität feststellen kann?«

Ole schüttelte den Kopf. »Nichts. Keine Tasche. Und das ist schon sehr ungewöhnlich für eine Dame vom Ballett.«

Jan hatte die Nase voll. Langsam bekam er ein Gefühl dafür, wie sich Frauen bei der Polizei manchmal fühlen mussten.

Er nickte Ole zu und ging zu Lisa, die sich noch immer in einiger Entfernung mit der Beschaffenheit des Bodens beschäftigte.

»Alles Okay?«, fragte er, als er sie erreicht hatte.

»Geht schon. Weißt du, wer die Tote ist?«

»Nein, Fehlanzeige.«

»Hat sie noch ihre Augen?«

Jan nickte. »Und das andere hast du ja gesehen. Der oder die Täter sind ziemlich brutal vorgegangen.«

»Wurde sie vergewaltigt?«

»Es lässt sich schwer sagen, was mit oder gegen ihren Willen geschah und wo die Grenze überschritten wurde«, meinte Jan. »Aber sie wurde am Unterleib mit spitzen Waffen oder Gegenständen verletzt.«

»Die Brüste ... das war so entsetzlich, sorry, ich konnte mir das nicht länger angucken. Der Kollege hatte mir gegenüber ja schon am Telefon Andeutungen gemacht, aber das ...« Sie schüttelte den Kopf.

»Es waren Geldscheine in die Wunden gestopft worden«, sagte Jan in neutralem Ton.

»Hm ... ob es eine Art Bezahlung sein sollte? Aber das ergäbe keinen Sinn, dass man sie tötet. Dann hätte sie ja nichts mehr von dem Geld.«

»Tja ...«

»Es ist wieder ein Symbol, oder?«

»Wahrscheinlich.«

»Jemand will uns sagen, was er von Frauen hält, die sich für Geld anbieten.«

»Dahin geht meine Vermutung auch«, sagte Jan. »Und dazu passen auch die brutalen Verletzungen.«

»Es dürfte sicher nicht so schwer sein, herauszufinden, wer sie war«, sagte Lisa. »Wahrscheinlich müssen wir nur ihr Foto in einschlägigen Lokalen oder Straßenstrichen zeigen.«

»Wenn wir Glück haben«, wandte Jan ein. »Aber was ist, wenn sie eine Illegale war? Dann erfahren wir es vielleicht nie.«

»Glaubst du immer noch an die Theorie, dass die Jugendlichen von dem Hof zu so etwas fähig wären?«, fragte Lisa.

Jan zuckte mit den Schultern. »Hass setzt manchmal ungeahnte Kräfte frei. Aber ich würde dir in diesem Fall zustimmen, dass es äußerst unwahrscheinlich ist, dass zwei heranwachsende Teenager eine Frau derart misshandeln.«

Die Spurensicherung tütete jedes Blatt und jeden Schnipsel ein und schoss unzählige Fotos. Dann wurde die Tote nach Oldenburg gebracht.

Die Klinik

Der bodenlange Vorhang schlug leicht vom Wind bewegt vor dem offenen Fenster hin und her. Professor Hansson lehnte sich auf seinen ledernen Bürostuhl zurück, der eher einem antiken Sessel glich. Doch er passte in den Raum. So wie auch die anderen gediegenen Möbel in sein akkurat geführtes Leben passten. Nichts überließ er dem Zufall.

Er zwirbelte an seinem kleinen Kinnbärtchen herum, während der PC hochfuhr. Als die Melodie des Betriebssystems erklang, lehnte er sich nach vorne und schob seine goldrandige kleine runde Brille auf seinen Nasenhügel.

Es war immer wieder aufregend. Jedes Mal. In seinem Mund sammelte sich Flüssigkeit. Seine Hand griff mechanisch nach der kleinen grauen Maus, um das Programm zu starten. Er war sich sicher, dass ihn an diesem Nachmittag niemand mehr stören würde. Seine Pflichttermine hatte er desinteressiert hinter sich gebracht, weil er im Stillen diesen Moment herbeigesehnt hatte. Endlich alleine sein.

Als er die erste Datei öffnete, begann es in seinem Nacken zu kribbeln. Die ersten Einstellungen luden hoch. Ein dunkles Szenario. Menschen, die umeinander huschten. Ein am Boden liegender Körper. Blut. Er schluckte.

Dann klopfte es unplanmäßig an seine Tür. Hansson brauchte einen Moment, um zu realisieren, dass es hier bei ihm an seiner Tür war und nicht im Film. Wer konnte das sein? Hatte er abgeschlossen? Und was, wenn nicht? Enttäuscht schloss er schnell das Programm und rief: »Herein!«.

Die Tür ging auf und ein ihm nur allzu bekanntes Gesicht lugte herein.

»Ach Ruby, du bist es«, sagte er und legte einen freudigen Ton in seine Stimme. »Schön, dass du mich mal wieder besuchen kommst. Setz dich doch, dann können wir uns ein wenig unterhalten.«

Die Namenlosen

»Weißt du, was ich mich frage ...«

»Gleich sicher ...«

»Blödmann.« Lisa lief um ihren Schreibtisch herum.

»Na sag schon.« Jan stand bereits eine ganze Weile am Fenster, aus dem heraus es eigentlich gar nichts zu sehen gab außer ein paar parkenden Autos und Fenster aus Nebengebäuden. Er sah ins Leere. Jetzt drehte er sich zu Lisa um.

»Wieso legen die Täter Wert darauf, dass wir nicht erfahren, um wen es sich bei den Opfern handelt?«

»Na, die einfachste Erklärung dürfte doch sicher sein, dass wir sie dadurch identifizieren könnten.«

»Stimmt. Vielleicht sind sie verwandt oder befreundet.«

»Du meinst die Opfer?«

»Nein, die Täter und die Opfer.«

»Hm ... bei der Art von Brutalität könnte das sogar Sinn machen«, meinte Jan. »Meistens hasst man die, die man tagtäglich ertragen muss, irgendwann am meisten.« Er warf ihr einen zusammengeknüllten Notizzettel zu.

»Echt«, stöhnte Lisa, »mit dir kann man heute mal wieder nicht vernünftig reden.«

»Das liegt bestimmt an dem Büromief. Was hältst du davon, wenn wir Chief einen Besuch abstatten und bei mir einen Kaffee oder Rotwein trinken?«

Auch Lisa gingen die grauen Wände langsam auf den Zeiger.

»Super Idee«, stimmte sie zu. »Die Fotos der Opfer nehmen wir einfach mit, dann können wir in aller Ruhe fachsimpeln, falls Chief uns ein bisschen Platz auf dem Sofa lässt.« Sie lachte.

»Das ist kein Problem«, erwiderte Jan, »das zweite Sofa ist bereits geliefert worden. Langsam wird es eng in meiner Küche, mehr Hunde sollten es nicht werden.«

Sie verließen das Büro und fuhren Richtung Tannenhausen. Während der Fahrt redete Jan eigentlich nie und Lisa nutzte die Gelegenheit, in die Landschaft ins Grüne zu schauen. Wie konnte ich nur zu so einem Landei mutieren?, fragte sie sich. Und sie gestand sich ein, dass es leicht war, von der Stadt aufs Land zu ziehen. Umgekehrt würde es enorme Überwindung kosten. Mordeten die Täter in Großstädten eigentlich anders als hier? Nein, eigentlich war es überall das Gleiche. Offensichtlich wirkten sich gutes Klima und viel Natur nicht bei jedem positiv aus. Und bei den Tätern, nach denen sie jetzt jagten, war der Sauerstoff vielleicht zu Kopf gestiegen. Waren sie verrückt?

Sicher. Welcher normale Mensch würde sowas schon machen? Aber sie fragte sich, ob sie vielleicht verrückt verrückt waren im Sinne von besonders gestört. Sie würde diese Theorie gleich mit Jan besprechen, nahm sie sich vor. Sie wollte sich gerade zu ihm drehen und ihm schon einen kleinen Hinweis geben, als sie jäh nach vorne geschleudert wurde und im nächsten Moment das Bewusstsein verlor.

»Lisa, hörst du mich?«

Erst im Krankenwagen wachte Lisa wieder auf. Sie sah Jans Gesicht. Es war voller Schuldbewusstsein.

Sie wollte ihre Hand heben, doch er drückte sie sanft zurück.

»Es ist alles soweit in Ordnung, hörst du?«

Sie nickte zaghaft. Etwas war um ihren Hals geschlungen, das sie in der Bewegung einengte.

»Wir hatten einen kleinen Unfall«, sagte Jan. »Ich musste plötzlich stark abbremsen. Du hattest dich nicht angeschnallt.«

»Das tut mir leid«, flüsterte Lisa.

»Dir? Es muss dir doch nicht leidtun. Aber ich konnte das echt nicht verhindern. Ein Radfahrer war wie aus dem Nichts aufgetaucht. Wäre ich nicht so in die Eisen gegangen, dann hätte ich ihn erwischt.« Er streichelte über ihre Hand. »Man wird dich jetzt ins Krankenhaus zur

Beobachtung bringen. Vielleicht hast du ja auch eine Gehirnerschütterung. Ich werde dich nachher besuchen, wenn ich mich um Chief gekümmert habe.«

»Die Verrückten«, flüsterte Lisa, »du musst dich um die Verrückten kümmern ...«

Er nickte. Sicher lag es an der Bewusstlosigkeit, dass sie jetzt einfach Dinge sagte, die keinen Zusammenhang zur realen Situation hatten. Er war so dankbar, dass ihr nichts Schlimmeres passiert war. Niemals hätte er sich verzeihen können, wenn sie wegen ihm ... schnell wischte er die aufkommenden Tränen aus den Augenwinkeln.

»Lisa, ich gehe jetzt. Man wird dich gleich sicher gut versorgen. Wir sehen uns später.« Er hatte den ersten Fuß schon aus dem Krankenwagen gesetzt und stieg jetzt raus.

»Verrückt ... alle verrückt ...«, hörte er noch, als er schon auf dem Weg zu seinem Wagen war.

Chief kam durch die Hintertür hereingetrottet, als er Jans Wagen vorne hörte. Er hatte es sich angewöhnt, hinterm Haus Wache zu schieben, wenn sein Herrchen nicht da war. Jan war sich sicher, dass so niemand mehr ins Haus käme, selbst wenn alle Fenster und Türen offen standen.

»Hallo alter Kumpel«, begrüßte er den Hund. »Lisa wollte auch mitkommen«, Chief spitzte die Ohren, »doch wir hatten einen kleinen Unfall. Sie liegt im Krankenhaus. Ich werde sie später besuchen.«

Bin ich eigentlich bekloppt?, fragte er sich im nächsten Moment. Labere hier den Hund voll. Doch er machte sich so wahnsinnige Sorgen um seine Kollegin, dass er diese mit irgendjemandem teilen musste. Sie hatte nicht gut ausgesehen, als sie da so auf der Trage gelegen hatte. Der Notarzt hatte etwas von Rippenprellungen und Glück im Nackenbereich gesagt, als er ihn kurz gesprochen hatte. Nein, es war absolut nicht so harmlos, wie er es Lisa eben vorgelogen hatte. Er musste sich verdammt zusammenreißen, um ihr keine Angst zu machen. Wieso hatte er den Radfahrer auch nicht kommen sehen? Natürlich, er war mal wieder mit seinen Gedanken woanders gewesen. Es war alles seine Schuld. Es war zum Verrücktwerden. Er brauchte jetzt unbedingt einen Rotwein. Er lief in die Küche und nahm sich ein Glas und eine ganze Flasche und setzte sich damit auf sein Sofa.

Chief hatte jetzt zwar sein eigenes, doch er spürte instinktiv, dass Jan jetzt seine Nähe brauchte. Er stieg gemächlich neben Jan hoch und sah ihm aufmerksam dabei zu, als dieser das Glas an die Lippen setzte.

»He, du bist nicht meine Mutter«, sagte Jan, »ich trinke jetzt den Rotwein, auch wenn ich noch im Dienst bin.« Er musste lachen, als Chief den Kopf schief legte. Es war so schön, dass der Hund jetzt hier war.

Jan lehnte sich zurück und Chief legte seinen Kopf auf Jans Bauch. Er streichelte dem Tier über den Kopf und dachte an die letzten Worte, die Lisa immer wieder gesagt hatte. Verrückt, die Verrückten ... Was hatte das zu bedeuten? Vielleicht war es ja gar kein wirres Zeug gewesen? Ob ihr kurz vor dem Unfall ein Gedanke in Bezug auf die Täter gekommen war? Also, verrückt waren diese ganz bestimmt, dachte er. Das konnte man so ungefähr über jeden sagen, der andere umbrachte. Sowas dachten sie im Prinzip jeden Tag. Warum also hatte sie diesmal mit so viel Nachdruck darauf bestanden, dass die Täter verrückt waren?

Sein Rotweinglas war leer und er schenkte noch einmal nach. Und so langsam dämmerte ihm, was Lisa gemeint haben könnte. Die Verrückten, waren das nicht auch die Jugendlichen auf dem Hof ganz in der Nähe? Sie waren die Verrückten im klassischen Sinne, wenn man von psychisch gestörten in einfachen Worten von Verrückten sprach, was er in der Öffentlichkeit natürlich nie tun würde. Und im Grunde zählte er sich selber ja auch dazu. Also war er in guter nachbarlicher Gesellschaft. Doch er durfte jetzt nicht von seinem Gedankengang abkommen. Sicher hatte Lisa genau das gemeint. Es waren verrückte Verrückte, die die namenlosen Opfer hinterließen. Doch wie fand man genau die Verrückten aus dem Heer der Wahnsinnigen heraus, die man für diese Verbrechen verantwortlich machen konnte?

Lisa

Es tat so verdammt weh, wenn sie sich bewegte. Und der Arzt hatte ihr absolute Bettruhe verordnet. Ausgerechnet jetzt. Zum Glück hatte sie nun doch keine Gehirnerschütterung. Sie musste unbedingt mit Jan sprechen. Hoffentlich machte er sich keine unnötigen Vorwürfe und tauchte hier bald auf.

Die Schwester hatte ihr ein Tablett mit einem nett angerichteten Abendbrot gebracht, doch sie hatte keinen Appetit. Sie fühlte sich so hilflos und unnütz. Gerne hätte sie jetzt ihr Handy gehabt. Doch ihre Sachen waren nicht in Reichweite und aufstehen durfte sie nicht.

Man hatte ihr ein weißes Klinikhemd übergezogen. Sie kam sich albern darin vor. Sie würde Jan bitten, etwas von ihren Sachen zu holen, falls sie hier noch länger als nötig bleiben musste. Wann kam er denn endlich?

»Sie haben ja noch gar nichts gegessen«, sagte die Schwester, als sie wieder hereinkam. »Keinen Appetit?«

Lisa schüttelte den Kopf. »Ehrlich gesagt nein. Liegt vielleicht an dem Schrecken, der mir noch in den Knochen sitzt.«

»Das kann ich gut verstehen. Aber bald sind Sie bestimmt wieder auf dem Damm. Sie arbeiten bei der

Polizei, habe ich gehört?« Sie räumte die Sachen auf dem Tablett zusammen.

»Ja, das stimmt«, antwortete Lisa. »Und deshalb hätte ich auch eine ganz große Bitte an Sie ...«

»Sie wollen Ihr Handy haben, stimmt's?« Die Schwester lachte spitzbübisch. Sie schien ein helles Köpfchen zu sein.

Lisa nickte und legte den Kopf schief. »Darf ich?«

»Hm ... der Doktor hat Ihnen strikte Bettruhe verordnet«, sagte sie und wog offensichtlich das Für und Wider ab, indem sie ihren Zeigefinger auf die Lippen legte. »Aber wenn ich es genau überdenke, dann bleiben sie ja beim Telefonieren liegen.« Sie grinste und ging zum Kleiderschrank, wo Lisas Sachen abgelegt worden waren.

»Danke«, flüsterte Lisa hinter vorgehaltener Hand, als sie endlich ihr Handy wiederhatte. »Ich sag's auch bestimmt nicht weiter.«

Sie wartete, bis die Schwester das Zimmer verlassen hatte, und wählte dann Jans Nummer.

Chief schreckte als Erster auf, als das Handy von Jan auf dem Tisch klingelte. Er stieß sein Herrchen an.

»Hallo?«

»Jan?«

»Hm ... sorry Lisa, ich muss eingeschlafen sein. Wie geht es dir denn?«

»Schon gut. Ich bin ja schon froh, dass ich wenigstens wieder telefonieren kann. Ich werde auf jeden Fall heute Nacht hierbleiben müssen.« Sie klang plötzlich traurig.

»He, das ist bestimmt richtig, wenn die Ärzte das so entschieden haben«, sprach Jan ihr Mut zu. »Ich komme gleich morgen früh vorbei, versprochen.«

»Was hast du denn bis jetzt gemacht?«, fragte sie und sah förmlich vor sich, wie er sich mit dem Hund auf dem Sofa räkelte.

»Ich habe über deine letzten Worte nachgedacht. Ich meine die Letzten, die du sagtest, bevor man dich mit dem Krankenwagen weggebracht hat.«

»Schon klar. Ich weiß, ich habe von Verrückten gesprochen und das meinte ich auch genauso, wie ich es gesagt habe.«

»Okay, ich hab's jetzt auch kapiert. Und darüber bin ich dann wohl bei einem Gläschen Wein oder zwei eingeschlafen.«

»Egal. Ach man, das drückt wirklich verdammt ...«

»Was?«

»Na, die Halskrause im Nacken. Der Arzt sagt, das sei für die Stabilität wichtig. Ich habe mir wohl einen Wirbel angeknackst bei dem Aufprall.«

»Ach Mensch«, Jan seufzte auf. »Und das alles nur, weil ich nicht richtig aufgepasst habe.«

»He, ich mache dir keine Vorwürfe«, sagte sie schnell. »Aber ich erwarte schon, dass du dich um mich kümmerst, wenn ich entlassen werde. Ich denke, das steht mir zu.« Sie lachte, damit er sie nicht zu ernst nahm.

»Das ist doch selbstverständlich«, sagte er schnell. »Und ich habe jetzt ja auch zwei Sofas, dann muss Chief eben so lange auf dem Boden schlafen.«

»Nichts da, der Hund bleibt oben ... wir müssen nur noch gucken, was wir mit dir machen, nicht wahr Chief?«, rief sie in den Hörer.

»Du bist echt verrückt«, lachte Jan. »Ich hoffe, dass man dich noch ein paar Tage dabehält.«

»Bäh ...«, machte Lisa und zeigte Jan eine lange Nase, was er natürlich nicht sah. »So, jetzt noch einmal zu unseren Verrückten ... die Jugendlichen, so anders sie auch sein mögen, können wir wohl als Täter abhaken, hab ich recht?«

Jan nickte. Dann fiel ihm ein, dass sie ihn ja nicht sehen konnte. »Stimmt, die fallen raus, das denke ich auch. Aber ... und jetzt erwarte ich deine ganze Aufmerksamkeit ... es könnte doch auch sein, dass die Jugendlichen nur zur Tarnung da untergebracht sind, oder?«

Für einen Moment blieb es still.

»Mensch Jan, das könnte die Lösung sein. Du bist brilliant, womit hast du nur verdient, mit mir zusammenarbeiten zu dürfen.« Sie kicherte ihm ins Ohr.

»Komm du mir nach Hause«, sagte er beschwingt und griff noch einmal zur Rotweinflasche und schenkte nach.

»Okay, ich leg jetzt auf. Und morgen sehen wir uns, ich verlasse mich drauf.«

»Eye Eye«, sagte Jan und nahm einen Schluck auf Lisas Wohl. »Ich stehe um neun auf der Matte.«

»Schlaf gut und trink nicht so viel ... ja ja, ich rieche doch sogar durchs Telefon, dass du schon wieder eine Flasche Rotwein geköpft hast«, lachte sie.

»Schlaf du auch gut Lisa«, sagte Jan ernst. Was würde er nur ohne sie machen? Noch nie hatte ihm die Arbeit so viel Vergnügen bereitet wie mit ihr.

Im Nirgendwo

»Wie wäre es denn mal mit einem Kind?«, fragte die dunkle Stimme in den Hörer.

Der Mann am anderen Ende wich erschrocken zurück. »Ein Kind? Das ist nicht Ihr ernst, oder?«

»Warum denn nicht? Wir haben bisher nicht das richtige Ergebnis erzielt. Also müssen wir unser Programm ausweiten«, beharrte der andere.

»Da mache ich nicht mit, auf gar keinen Fall«, bekam er zur Antwort.

Es wurde still. Man hörte nur noch das Atmen zweier Männer, die am Telefon hingen.

»Also gut, keine Kinder«, lenkte die dunkle Stimme ein.

»Danke.«

»Bedanke dich nicht zu früh bei mir. Irgendwann müssen es vielleicht auch Kinder sein.«

Krankenbesuch

Jan war schon früh auf den Beinen, weil er zu Lisa wollte.

Chief bekam zum Frühstück ein doppeltes Leberwurstbrot, während er sich mit einem Kaffee begnügte. Beim Trinken sah er sich um. Er würde aufräumen müssen, wenn Lisa hier vorübergehend bei ihm einzog, dachte er, als er die leeren Rotweinflaschen auf der Spüle sah. Und abgewaschen hatte er auch schon seit einer gefühlten Ewigkeit nicht mehr. Als er hier eingezogen war, spielte er mit dem Gedanken, nur noch Wegwerfgeschirr zu benutzen. Dann stünde auch nicht mehr so viel im Weg herum.

Als er beim Krankenhaus ankam, besorgte er im dortigen Kiosk noch einen Schokoriegel für Lisa. Nervennahrung tat immer gut.

Er klopfte an ihre Tür und trat ein. Wie ein Häufchen Elend lag sie da im weißen Bett. Sie hatte die Augen geschlossen, doch ihre Gesichtszüge sahen nicht zufrieden aus. Kein Wunder, so wie sie da lag. Eigentlich war es eher ein Liegen im Sitzen. Hatte sie wirklich so schlafen müssen?

»Lisa?«, flüsterte er, als er neben ihrem Bett stand. Sie schlug die Augen auf.

»Jan, da bist du ja endlich ... hol mich hier raus.« Sie versuchte, zu lächeln.

»So schlimm?«

»Noch schlimmer? In der Nacht bin ich alle zehn Minuten aufgewacht. Es ist so schrecklich hier.«

»Aber du bist doch erst seit gestern hier«, sagte er.

»Ich meine es ernst. Ich will hier raus. Wir müssen gleich mit dem Arzt sprechen, dass man mich entlässt, und dass ich bei dir zuhause unterkomme und somit versorgt werde.«

Von mir aus, dachte Jan. Ihm würde es ja genauso gehen. Er hasste Krankenhäuser. Und noch schlimmer fand er psychiatrische Einrichtungen.

»Okay«, sagte er. »Wenn du willst, dann packe ich dich sofort ein.«

Sie lachte. »Dann lass uns warten, bis die Schwester kommt. Sie soll den Arzt .«

Der Arzt willigte nur ungern in Lisas Pläne ein. Er bestand auf einer nochmaligen Röntgenaufnahme und dass sie ein Korsett trug, wenn sie nicht mehr im Krankenhaus war. Sie versprach ihm alles und sie hätte sogar ihr letztes Hemd dafür gegeben, solange sie nur weg konnte. Auf eine Fahrt mit Jans Wagen ließ sich der Arzt allerdings nicht ein. Und so fuhr Jan voraus, während man Lisa mit einem Krankentransport nach Tannenhausen brachte.

Als sie dort ankamen, bestand Lisa darauf, endlich selber laufen zu dürfen. Und es klappte auch ganz gut. Man vereinbarte, dass sie nach drei Tagen wieder zur Nachuntersuchung abgeholt würde und sie musste versprechen, sich sofort zu melden, gäbe es irgendwelche Komplikationen.

Endlich hatten sie es dann geschafft und Lisa lag auf Jans großem Sofa. Er hatte ihr ein Kopfkissen in den Rücken gelegt und ihr eine weiche Decke über die Beine ausgebreitet.

»So lass ich es mir gefallen«, sagte Lisa, während sie Chief, der sich neben sie ans Sofa gesetzt hatte, über den Kopf strich.

»Wenn ich sonst noch etwas tun kann, gerne«, erwiderte Jan. Endlich konnte sie wieder lachen.

»Nein, alles gut soweit. Und jetzt müssen wir weiter an unserem Fall arbeiten, bevor wir ganz den Faden verlieren. Du sagtest ja, dass der Hof mit den Jugendlichen zur Tarnung installiert sein könnte.«

Jan nickte. »Denkbar wäre es jedenfalls.«

»Und dann hätte Alex etwas mit der Sache zu tun, wenn ich deine Theorie weiterspinne.«

»Exakt.«

»Also doch noch mal eine offizielle Hausdurchsuchung? Oder was schlägst du vor?«

»Wir könnten sie beobachten.«

»Wie stellst du dir das vor?« Lisa zeigte auf ihre Halskrause.

»Ich könnte es machen. Und dich schieben wir mit dem Sofa zum Fenster hin.«

Lisa lachte laut. »Wenn uns einer sehen könnte, der würde nie im Leben darauf kommen, dass wir die härtesten Ermittler Ostfrieslands sind.«

»Es gibt auch noch andere Aufgaben, die du bequem vom Sofa aus erledigen kannst«, meinte Jan. Sie machte große Augen. »Ja, wir wissen immer noch nicht, in welchem Zusammenhang die Opfer zueinanderstehen. Warum hat es gerade sie getroffen? Es sind total unterschiedliche Typen. Das Einzige, was sie verbindet, ist im weitesten Sinne die Straße.«

Lisa sah ihn nachdenklich an. Hatte Jan da etwa bereits die Lösung indirekt herausgearbeitet.

»Was ist, wenn es genau das ist, was sie verbindet«, sagte sie nachdenklich.

»Du meinst die Straße?«

Lisa nickte. »Es sind einfach Menschen von der Straße. Egal woher sie kommen oder wohin sie gehen wollten. Es hat sie erwischt, weil sie zur falschen Zeit am falschen Ort waren. Peng.«

»Und deswegen ist es auch völlig unerheblich, wie sie heißen, oder wo sie herkommen«, folgerte Jan fort. »Denn wir werden ihre Täter und auch das Motiv nicht in ihrer privaten Umgebung finden. Ist es das, was du meinst?«

»Ganz genau«, sagte Lisa und legte unwillkürlich schützend ihre Arme um sich. »Es kann jeden treffen. Und was ist, wenn der Unfall gar kein Unfall war?«

»Du meinst den Radfahrer, der mir vors Auto gefahren ist? Du denkst, das war Absicht?«

Sie sah ihn ängstlich an. »Vielleicht sind wir den Tätern schon näher als wir denken.« Es fröstelte sie, obwohl die Sonne durch das große Fenster schien.

Die Anderen

Jenny war so langsam über den Tod von Kitty hinweggekommen und Alex hatte beschlossen, für sie eine neue Katze aus dem Tierheim zu besorgen. Es gab Menschen, die brauchten einfach Tiere, um sich wohlzufühlen und Jenny gehörte eindeutig dazu.

Und so war Alex in ihren Wagen gestiegen, ohne den Beobachter zu registrieren, der sich hinter einem Gebüsch in Lauerposition befand.

Jan war das rechte Bein eingeschlafen, und als er Alex Wagen nur noch von hinten sah, war er aus der unbequemen Hocke nach oben gekommen.

Wo fuhr sie jetzt hin?, fragte er sich. Ob sie zu einem Treffen mit den anderen Tätern unterwegs war? Wenn sie wirklich mit drin steckte, dann machte sie ihre Sache verdammt gut. Und jetzt waren die Jugendlichen völlig sich selbst überlassen auf dem Hof. Das war schon ziemlich leichtsinnig, fand er, wenn sie doch psychisch so angeschlagen waren.

Er sah, wie Jenny aus dem Haus kam und ihr Gesicht in die Sonne streckte. Sie war auf ihre ganz eigene Art hübsch. Die leicht rötlichen Haare und die Sommersprossen machten sie zu etwas Besonderem. Denn sie hatte dazu braune Augen, was ihrer Erscheinung noch einmal ein i-Tüpfelchen gab.

Sie war noch so jung, dachte er bekümmert, und doch war ihre ganze Zukunft schon geprägt von schlimmen Ereignissen, die an ihrer Seele gezerrt hatten. Er hatte noch nicht genau herausgefunden, was ihr eigentlich zugestoßen war, dass sie hier untergebracht werden musste. Und auch die richtigen Namen der Bewohner wusste er nicht. Ob das überhaupt wichtig war? Sie waren bestimmt nur Mittel zum Zweck, wenn ihre Theorie stimmte.

Aber die viel spannendere Frage war, wo diese Jugendlichen eigentlich herkamen, dachte Jan. Denn wenn man sie nur benutzte, und Alex darin verwickelt war, dann musste es über Alex jemanden geben, der Jugendliche zuweisen konnte. Und im Prinzip könnte das doch nur ein behandelnder Arzt oder ein Psychiater.

Beschwingt durch diese neuen Überlegungen ging er zurück zu Lisa, um sie mit ihr zu besprechen.

»Du hast völlig recht«, sagte sie aufgeregt. »Da hätte ich auch drauf können. Natürlich müssen die Jugendlichen zugewiesen werden. Sie waren ja auch vorher in Behandlung. Man sucht Bewohner für solche Einrichtungen ja nicht einfach auf der Straße.«

»Womit wir wieder beim Thema wären«, sagte Jan. Er hatte einen Kaffee gekocht und saß jetzt bei Lisa auf dem Sofa und sah mit ihr zum Fenster raus.

»Die Straße«, sagte sie, »wir drehen uns im Kreis, glaube ich. Uns fehlt noch die letzte zündende Idee, um endlich zu Ergebnissen zu kommen, ich fühle es.«

Jan musste schmunzeln. Waren das nicht eigentlich seine Worte?

»Du hast recht«, gab er zu. »Das letzte entscheidende Puzzleteilchen fehlt noch. Aber wenn wir eines nach dem anderen abarbeiten, tritt es vielleicht von selbst zutage. Wir müssen irgendwie an den Psychiater rankommen, der einen oder wenn wir Glück haben, sogar mehrere der Jugendlichen betreut.«

»Das dürfte gar nicht so einfach werden, wenn wir ihn nur aus einem Vorwand aufsuchen. Am besten wäre es ja sogar, er würde gar nicht wissen, dass wir von der Polizei kommen.«

»Tja, aber wie sollen wir das machen?«, fragte Jan.

»Ich glaube, ich habe da eine Idee«, sagte Lisa.

Jan drehte sich neugierig zu ihr hin. »Ach ja?«

»Nun, ich hatte ja diesen Unfall«, begann Lisa. »Es wäre doch gar nicht ungewöhnlich, wenn ich verdammt schwer daran zu knabbern hätte, dass meine wichtigste Körperregion um Haaresbreite so schwer verletzt worden wäre, dass ich viel Schlimmeres hätte davontragen können. Vielleicht sogar eine Querschnittlähmung oder den Tod.«

Jan wich erschrocken zurück. Dann wäre er schuld.

»He, guck nicht so. Ich spinne hier doch nur herum, damit wir an den Seelenklempner herankommen«, sagte sie und versuchte ihn mit ihrem Lachen anzustecken.

»So witzig finde ich das gar nicht«, sagte Jan leise. »Ich habe schon zu vielen Frauen nichts als Unglück gebracht.«

Lisa wusste, dass ihm jetzt nicht mehr zum Lachen zumute war. Sie rückte, so weit es ihre Einschränkungen erlaubten, an Jan heran und griff nach seinem Arm. »He, du weißt, dass alles gut ist, so wie es ist. Ich möchte nirgendwo anders sein, als jetzt hier mit dir auf deinem Sofa ... und natürlich mit Chief im Nacken, der mir die ganze Zeit etwas vorgeschnarcht hat.«

»Danke«, flüsterte Jan und lehnte sich an sie. »Ich werde mich darum kümmern, den Namen des Arztes herauszubekommen.«

»Das ist gut«, flüsterte Lisa. »Wir müssen verhindern, dass noch mehr Menschen einen sinnlosen Tod sterben.«

Sie saßen noch eine Weile so da und starrten ins Nichts.

Dann erhob sich Jan vom Sofa und atmete tief durch.

»Ich werde mich jetzt auf den Weg zum Hof machen«, sagte er. »Sicher ist Alex schon wieder da.«

»Ja, mach das«, sagte Lisa, »ich komme hier schon mit Chief zurecht. Ich fühle mich auch wieder viel besser. Vielleicht kann die Halskrause sogar weg, wenn ich bei der nächsten Visite war.«

Durch das Fenster sah Lisa Jan hinterher. Er lief, seinen Oberkörper vornüber gebeugt in den Wald. Die ganze Tragik, in die er sich wieder einmal selber hineinmanövriert hatte, tropfte von seinen Schultern.

Alex` Wagen stand wieder vor der Tür, als Jan beim Hof ankam. Draußen war niemand zu sehen. Also klingelte er. Jenny machte ihm auf und ihr Gesicht, das beim Öffnen noch fröhlich gewirkt hatte, nahm plötzlich einen unsicheren Ausdruck an.

»Hey Jenny, ich wollte zu Alex«, sagte er.

»Ja, dann kommen Sie doch rein«, sagte Jenny und entspannte sich.

Sie liefen gemeinsam in die Küche, wo Alex mit Ruby beim Tischdecken war.

»Jan, du?«, fragte Alex, als ob sie nicht erwartet hätte, ihn je wieder zu sehen.

»Hallo Alex«, sagte er. »Ich hab einen Spaziergang gemacht und dachte, ich schau mal rein, ob alles bei euch in Ordnung ist.«

»Was sollte denn nicht in Ordnung sein?«, fragte sie zurück und sah ihn misstrauisch an.

Ob sie schon etwas von dem zweiten Opfer wusste?, fragte sich Jan. Wenn sie in der Sache mit drinhing, ganz bestimmt.

»Ich nehme an, du hast es schon gehört«, sagte er und lehnte sich lässig gegen den Kühlschrank.

»Du meinst die Sache mit dem zweiten Mord, nehme ich an«, antwortete Alex und fuhr mit ihrer Beschäftigung fort.

Diese uninteressierte Reaktion konnte gespielt sein, dachte Jan.

Als er nichts weiter sagte, wurde sie unruhig und rückte an ihn heran.

»Wieso bist du wirklich hier, Jan?« Sie durchbohrte ihn mit ihren strahlendblauen Augen. Dieser Frau konnte man nichts vormachen.

Wenn er jetzt mauerte und sie weiter anlog, dann hatte er verspielt, das wusste Jan. Doch er wollte ihr auch nicht die Wahrheit sagen. Dafür stand sie noch zu sehr als mögliche Mittäterin im Fokus. Also musste eine andere

Notlüge her. In ihm arbeitete es fieberhaft, als er Jenny dabei beobachtete, wie sie an einem sauberen Teller mit ihrem Ärmel herumwischte, an dem eigentlich gar nichts zu sehen war. Dann fiel ihm Chief ein. Der rettende Anker. Er zog Alex beiseite und flüsterte:

»Ich habe mir überlegt, Jenny eine neue Katze zu schenken. Ich wollte dich fragen, ob du damit einverstanden bist.«

»Das gibt es doch nicht«, platzte es fast aus Alex heraus. »Da hatten wir wohl den gleichen Gedanken.« Er hatte gewonnen, sie war auf seiner Seite.

»Wirklich?«, fragte er spitzbübisch.

Sie nickte. »Ja, ich war heute Nachmittag auch schon im Tierheim, um eine Katze zu holen. Aber dann habe ich mir überlegt, dass Jenny sie sich eigentlich selber aussuchen muss. Denkst du, das ist Quatsch?«

Jan schüttelte schnell den Kopf. »Nein, das finde ich richtig. Auch eine Beziehung zwischen Mensch und Tier funktioniert ja nicht immer wie von selbst. Es ist bestimmt besser, wenn sie sich ihre neue Katze selber aussucht.«

»Gott sei Dank, ich dachte schon, ich sei verrückt«, lachte Alex. »Sag mal, willst du nicht mit uns zu Abend essen?«

Da waren sie wieder, die positiven Spannungen.

»Ja gerne«, bestätigte er schnell.

»Wo ist denn eigentlich Chief? Wollte er nicht mitkommen?« Erst jetzt war Alex aufgefallen, dass etwas oder besser gesagt, jemand fehlte.

»Chief ist bei mir zuhause und bewacht Lisa«, sagte Jan.

Alex runzelte die Stirn.

»Ja, wir hatten einen kleinen Autounfall, bei dem Lisa verletzt wurde. Sie kann jetzt nicht alleine in ihrer Wohnung sein, deshalb ist sie bei mir.«

Alex schlug erschrocken ihre Hand vor die Brust. »Oh Gott, hoffentlich nichts Schlimmes?«

Ihr Entsetzen sah verdammt ehrlich aus, dachte Jan. Oder sie war eine gute Schauspielerin. Noch war er nicht bereit, ihr voll und ganz zu vertrauen.

»Na ja, ein paar Prellungen und so. Aber es ist besser, wenn sie jetzt nicht alleine ist.«

»Hm ... da bekomme ich ja ein richtig schlechtes Gewissen, wenn ich dich hier festhalte«, meinte Alex. »Solltest du dich nicht lieber um Lisa kümmern?«

Da hatte sie allerdings recht.

»Ja, das stimmt sicher«, sagte er schnell. »Ich kann ja ein andermal bei euch vorbeikommen.«

Alex nickte. Ihr Mitgefühl war offensichtlich ernst gemeint.

»Wenn du einverstanden bist, dann fahre ich einfach morgen mit Jenny zum Tierheim«, sagte Jan, bevor er ging. »Ich habe ja auch Chief aus Aurich geholt. Warum sollte das nicht mit einer Katze klappen?« Er lachte.

Alex überlegte einen Moment und sagte: »Warum nicht. Dann kann ich bei den anderen bleiben. Ich hatte heute schon ein schlechtes Gewissen, als ich weggefahren bin.«

»Okay, dann hole ich Jenny morgen um zehn Uhr ab.«

»Hm, ich hoffe, du bist einverstanden, wenn ich ihr heute Abend schon davon erzähle, so sehr ich Überraschungen auch liebe, aber ich möchte sie damit morgen früh nicht überfordern, wenn sie plötzlich mit dir alleine mitfahren soll.«

»Natürlich. Mach du es nur, wie du es für richtig hältst«, sagte Jan.

Als er durch den Wald zurücklief, dachte er darüber nach, wie Alex auf jede Situation adäquat eingegangen war, ohne die geringste Unsicherheit zu verraten. Vielleicht war er wirklich auf dem Holzweg, wenn er sie verdächtigte.

Lisa war auf dem Sofa eingeschlafen, als er in sein Haus zurückkam. Er musste lächeln, als er ihren aufgestützten Arm sah, neben dem ihr Kopf auf der

Fensterbank lag. Ob das für ihre Wirbelsäule gut war? Sie war so tapfer bei allem, was sie tat. Sein Herz zog sich zusammen. Irgendwie fühlte er sich für seine Kollegin verantwortlich.

Vorsichtig zog er an ihrem Arm und legte dabei die andere Hand um ihre Schulter, um sie ganz aufs Sofa zurückzuziehen. Dabei wachte Lisa auf.

»Wo bin ich?«, fragte sie.

»In Sicherheit«, sagte er. »Komm, leg dich aufs Sofa und schlaf dich einmal richtig aus. Später erzähle ich dir, wie es auf dem Hof gewesen ist.«

Sie nickte matt und ließ sich von Jan in eine dicke Decke wickeln.

Chief kam von hinten hereingetrottet. Offensichtlich hatte er an der offenen Hintertür Wache geschoben, damit Lisa nichts geschah.

Fast fühlte es sich wie eine Familie an, dachte Jan.

Die Katze

Jan schlief unruhig in dieser Nacht. Er hatte sich auf das andere Sofa gelegt und nicht mal mehr einen Rotwein aufgemacht. Er wollte nicht benebelt sein, wenn Lisa seine Hilfe brauchte. Doch sie schlief bis zum nächsten Morgen durch.

Als er zum wiederholten Male die Augen aufschlug und sich hin und her drehte, hörte er endlich die ersten Vögel durch das offene Fenster. Der Tag brach an.

Er hörte Lisa leise atmen und Chief lag vor ihrem Sofa. Es war immer wieder erstaunlich, welche Instinkte bei Tieren geweckt wurden, wenn jemand Hilfe brauchte. Das war bei Menschen oft ganz anders.

Er legte die Arme verkreuzt unter seinen Kopf und sah an die Decke. Der Putz bröckelte und erzählte von einer langen Familiengeschichte hier auf diesem Hof, die in einer entsetzlichen Tragödie geendet hatte. Auf jeden Fall war es in seiner Phantasie so. Ihm gefielen gebrochene Figuren.

Er hörte, wie Lisa versuchte, sich zu drehen. Dann schlug sie die Augen auf und sah zu ihm herüber.

»Du bist wach?«, fragte sie in die Stille hinein.

»Ab und zu ...«, antwortete er und sah, wie Chief die Ohren spitzte und weiterhin so tat, als ob er tief schliefe.

125

»Kannst du mir vielleicht helfen? Ich möchte mal in eine andere Lage.«

In sekundenschnelle waren Jan und Chief auf den Beinen.

»Wie sieht's denn mit deinem Nacken aus?«, fragte Jan, als er Lisa aufsetzte und ihr Kissen aufschüttelte. »Hast du noch große Schmerzen?«

»Nein, eigentlich gar nicht«, sagte sie. »Sicher bin ich bald wieder die Alte.«

»Oh, bloß nicht«, frotzelte Jan, »dann muss ich wieder Salate und so ein gesundes Zeugs essen.«

»Ha ha«, machte Lisa. »Aber wo wir schon mal wach sind, wie war es gestern bei den Jugendlichen?«

Da an Schlaf sowieso nicht mehr zu denken war, kochte Jan einen Kaffee und erzählte Lisa vom vergangenen Tag.

»Das ist eine gute Idee«, sagte sie anerkennend, »dass du mit Jenny alleine zum Tierheim fährst. Vielleicht kannst du ja aus ihr etwas herausbekommen.«

»Ehrlich gesagt habe ich ein ganz schlechtes Gewissen dabei«, sagte er und pustete auf den heißen Kaffee. »Sie ist doch praktisch noch ein Kind, das ich aushorche.«

»Mach dir darüber lieber keine Sorgen«, mahnte Lisa. »Wenn sie nämlich in Gefahr sein sollte, das ist das doch nur zu ihrem Besten. Vergiss nicht, dass jemand ihre Katze ermordet hat.«

»Du hast recht. Sicher ist es für alle besser, wenn ich ein Auge auf den Hof habe.«

»Eben. Und mit einer Katze öffnest du dir alle Türen ... auch die zu Jennys Herzen.«

»Das klingt gut. Wie ist es eigentlich mit dem Weg zu deinem Herzen?«, fragte er. »Da hab ich mir doch schon die Hacken abgerannt.«

Lisa lachte. »Wenn ich mich hier so umsehe, dann solltest du lieber mal die Richtung zu einem Malergeschäft einschlagen.«

Pünktlich machte Jan sich auf den Weg, als er sicher war, dass für Lisa und Chief ausreichend gesorgt war.

Jenny kam ihm bereits entgegengelaufen, als er vor dem Hof aus dem Wagen stieg.

»Und ich kriege wirklich eine neue Katze?«, rief sie aufgeregt.

Jan nickte. »Ja, wenn dir eine gefällt, dann auf jeden Fall.«

Alex stand im Türrahmen und sah sich das Schauspiel an.

»Aber wirklich nur eine«, sagte sie mahnend, als Jenny zu Jan ins Auto sprang.

Auf der Fahrt zum Tierheim Aurich brauchte Jan kaum etwas zu sagen. Immer wieder berichtete Jenny von den vielen schönen Erlebnissen, die sie mit Kitty verbanden. Sie konnte mittlerweile neutral darüber sprechen, dass die Katze tot und für immer weg war. Zeit heilte zum Glück auch offene Wunden am Herzen.

»So, wir sind da«, sagte er, als er den Wagen vor dem Tierheim abstellte.

Jenny war im Nu draußen und rannte zur Pforte und klingelte.

Jan erklärte der Tierheimmitarbeiterin, worum es ging und diese nickte verständnisvoll. Katzen gebe es hier wie Sand am Meer. Jenny solle sich ruhig eine gute Freundin aussuchen.

Es dauerte eine gute Stunde, bis Jenny mit einem dreifarbigen ängstlich dreinblickenden Wollknäuel aus dem Katzenhaus zurückkam.

»Das ist Bobby«, sagte sie strahlend. »Er kommt jetzt mit mir.«

»Na ja, so einfach ist das sicher nicht«, meinte Jan, der sich auf allerhand Papierkram gefasst gemacht hatte.

»Das geht schon in Ordnung«, sagte die Mitarbeiterin, »Alex hat schon angerufen und uns informiert. Alles Weitere regeln wir mit ihr.«

Jenny war nach hinten ins Auto gestiegen und hielt Bobby während der Fahrt auf ihrem Schoß. Das Tier machte nicht einen Versuch, herunterzuspringen. Sie hatte offensichtlich die richtige Wahl getroffen. Doch wie fand er jetzt die Brücke, um sie ein wenig auszufragen? Er fühlte sich schlecht dabei.

»Na, der Kater scheint dich ja jetzt schon sehr zu mögen«, fing er an und sah ihre leuchtenden Augen im Rückspiegel.

»Ich mag ihn auch«, sagte Jenny selig.

»Wird er denn auch Ruby mit gehören?« Schließlich hatten sie Kitty auch geteilt gehabt.

Jennys Blick verfinsterte sich. »Auf gar keinen Fall«, sagte sie bestimmt. »Bobby gehört nur mir ganz alleine.«

Aha, das war ja mal eine interessante Wendung, wo er ansetzen konnte.

»Seid ihr denn gar nicht mehr befreundet, Ruby und du?«

Heftig schüttelte Jenny mit dem Kopf.

»Was sagt denn euer Doktor dazu, dass ihr keine Freunde mehr seid?«

»Dem ist das doch piepegal«, sagte Jenny.

»Wie hieß er denn nochmal, der Doktor, ich habe seinen Namen ganz vergessen. Ist das nicht blöd?«

Jenny streichelte Bobby über den Rücken. »Dr. Hansson«, sagte sie.

»Ja, richtig Hansson«, wiederholte Jan. »Wann musst du da denn eigentlich wieder hin?«

Jenny zuckte mit den Schultern. »Weiß nicht ...«, sagte sie und sah aus dem Seitenfenster. »Mir auch egal.«

Jan hätte jetzt noch so viele Fragen gehabt zu Dr. Hansson. Doch er hörte jetzt lieber damit auf, sonst würde Jenny am Ende noch Alex davon erzählen, wie er sie danach ausgefragt hatte. Besser, er lenkte das Thema wieder auf den Kater.

»Ich glaube, Bobby gefällt es bei dir«, sagte er und Jenny strahlte sofort wieder.

»Meinst du wirklich?«, fragte sie und bekam rote Wangen.

»Oh ja, ganz sicher. Bei lieben Kindern fühlen sich Tiere immer wohl.«

Jenny zog Bobby ganz nah zu sich heran. »Darum ist Bobby ja auch meine Katze alleine und nicht mehr Rubys.«

Aha. Das war eine verdammt wichtige Information, die Jan sofort ins Hirn brannte. Jenny war nicht mehr mit Ruby befreundet. Und nicht nur das. Sie würde Ruby niemals wieder ihre Katze anvertrauen. Hatte Ruby am Ende sogar Kitty umgebracht? Vielleicht sollte er sich jetzt tatsächlich mal um das andere Mädchen kümmern, dachte er und fuhr zurück zum Hof.

Dort wurden sie von Alex bereits erwartet. Sie hatte zur Begrüßung für Bobby ein Schälchen mit Milch vor die Tür gestellt. Es wirkte alles so schön, als Jan sich diese Szene betrachtete.

Doch so schön das alles auch war, etwas lief hier schief auf dem Hof. Er wusste nur noch nicht, was genau es war.

Psychiatrische Hilfe

»Hansson!«, rief Jan triumphierend aus, als er in sein Haus zurückkam.

»Hansson?«, wiederholte Lisa fragend.

»Ja, Dr. Hansson, das ist der Psychiater, bei dem Jenny und Ruby und vermutlich auch die anderen Kids in Behandlung sind.«

»Das heißt also, er hat die Kinder zugewiesen«, schlussfolgerte Lisa. »Dann werde ich ihm wohl mal auf den Zahn fühlen müssen.«

»Tja, im Prinzip schon«, sagte Jan. »Aber wie willst du erklären, dass du einen Psychiater brauchst, ohne dass es verdächtig wirkt.«

»Du hast recht, bei dir wäre es ein Leichtes, aber mir kauft man einen Spleen bestimmt nicht ab.«

»Ha ha ...« Jan setzte sich zu ihr aufs Sofa.

»Mach uns doch mal einen Kaffee, dann kann ich besser denken.«

Jan machte sich an der Kaffeemaschine zu schaffen und schmierte auch noch ein paar Marmeladenbrote.

»Hier, für dich nur vom Feinsten«, sagte er und verbeugte sich vor dem Sofa, als er ihr den Kaffeebecher reichte und den Teller mit Brot auf die Fensterbank stellte.

»Sag mal, kann ich nicht bei dir einziehen?«, fragte sie und machte ein todernstes Gesicht. Jan stutzte. »Reingefallen«, lachte sie. »Aber der Service ist nicht schlecht hier.« Sie nahm ein Marmeladenbrot und biss lustvoll hinein.

Vielleicht gar keine so schlechte Idee, dachte Jan, doch er behielt es fürs Erste für sich. Er würde sie noch ein bisschen um einen Platz neben Chief kämpfen lassen. So einen Rang musste man sich schließlich verdienen.

»Was grinst du denn so komisch?«, fragte Lisa.

»Ach nichts«, sagte Jan und erzählte ihr alles, was er bei Jenny in Erfahrung gebracht hatte.

»Na gut, dann auf zu Dr. Hansson«, sagte Lisa.

»So einfach wird das sicher nicht sein«, meinte Jan. »Ich kann dich ja nicht da hinfahren und vor die Tür bei dem Typen stellen.«

»Das musst du auch nicht. Ich habe da so meine Beziehungen, die ich spielen lassen kann.«

»Tatsächlich?« Jan war in der Tat erstaunt, dass Lisa überhaupt zu irgendjemand anderem als ihm Kontakt hatte.

»Ist das so unwahrscheinlich?«, fragte Lisa erstaunt.

»Ehrlich gesagt ein bisschen«, gab Jan zu. »Aber desto eher du mit Hansson sprichst, desto eher kommen wir weiter.«

Lisa erledigte ein paar Telefonate und wurde tatsächlich eine knappe Stunde später für einen Gesprächstermin mit therapeutischem Ansatz von einem Taxi abgeholt.

»Guten Tag, mein Name ist Jasmin Bertram, ich habe gleich einen Termin bei Prof. Hansson«, sagte Lisa zu der drallen in weiß gekleideten Frau, die hinter einem opulenten Schreibtisch saß und etwas in ihren PC tippe, als sie beim Sekretariat in der Klinik vorsprach.

Die Frau sah auf und schob ihre goldumrandete Brille nach oben und musterte Lisa.

»Ja, ich habe davon gehört, dass ein Termin dazwischen geschoben wurde«, sagte sie. »Alle Achtung, das gelingt nur Wenigen. Der Professor empfängt sie gleich. Nehmen Sie doch bitte in dem grünen Sessel dort vor der Tür Platz.«

Lisa nickte. Sie kam sich vor wie im falschen Film. Sie hatte sich vorsichtshalber eine dunkle Perücke aufgesetzt. Nur für den Fall, dass sie irgendwann mit einer Ermittlung in der Zeitung stand und er sie erkennen könnte. Der

Sessel, in dem sie jetzt versank, fühlte sich an wie ein Wasserbett.

Dann ertönte die Gegensprechanlage bei der Sekretärin und eine männliche Stimme erlaubte einer Frau Bertram den Zutritt.

»Bitte«, sagte die Frau und winkte Lisa auffordernd zu.

Lisa verwandelte sich in Jasmin und drückte die geschwungene Türklinke herunter.

»Kommen Sie rein, junge Frau«, schlug ihr eine sonore Männerstimme entgegen.

»Danke, dass Sie so kurzfristig für mich Zeit hatten«, sagte Lisa.

»Nehmen Sie Platz.« Er wies ihr einen Stuhl mit in schwarzem Leder gepolstertem Sitz sich gegenüber zu. »Was führt Sie denn zu mir?«

Er lugte über seine Brille hinweg. Lisa registrierte kleine wache blaue Augen unter buschigen Brauen. Sein Haar war schütter und er trug einen kleinen Kinnbart. Eigentlich sah er durchschnittlich aus. Aber was hatte sie denn erwartet? Dass sie hier einem wilden Tier begegnete?

Lisa setzte sich langsam und zeigte auf ihre Halskrause.

»Ich hatte einen Unfall«, sagte sie mit leiser Stimme, die sofort seine Aufmerksamkeit erregte. Offensichtlich mochte er schwache Frauen.

»Was ist denn passiert?«

»Ach, es war ein blödes Missgeschick, könnte man sagen. Ich habe ein Stoppschild übersehen und bin einem anderen Wagen hinten draufgefahren.«

»Lassen Sie mich raten, Sie waren nicht angeschnallt.«

Lisa nickte. »Ja, leider. Ich hatte es eilig gehabt und muss es wohl vergessen haben.«

Der Professor lehnte sich auf seinem Lederstuhl zurück und musterte sie schonungslos. Seine rechte Hand spielte an etwas in der Tasche seines weißen Kittels herum. Er machte sie nervös. Oder noch nervöser.

»Aber Sie scheinen durch meine Kollegen doch gut versorgt worden zu sein«, sagte er. »Jedenfalls hat es den Anschein.«

»Doch, auf jeden Fall. Man hat alles für mich getan ...«, beeilte Lisa sich zu versichern.

»Und warum kommen Sie dann zu mir, wenn die Frage erlaubt ist? «

Lisa legte die Stirn und Falten und sah ihn hilfesuchend an.

»Es ist die Verletzung, die tief in meinem Innersten entstanden ist, wissen Sie ...« Sie zog ein Taschentuch aus ihrem ihr selbst fremden kleinen Handtäschchen und hätte beinahe lachen müssen. Sie kaschierte das leise quiekende Geräusch als Seufzer wegen der ganzen Tragik, die für sie entstanden sein musste, und tupfte sich unter den Augen entlang.

»Tiefe innere Verletzungen sind mein Spezialgebiet, junge Frau«, sagte Professor Hansson und beugte sich nach vorne.

»Danke«, seufzte Lisa, »denn um Haaresbreite wäre ich bei dem Unfall ums Leben gekommen, wissen Sie.«

»Ach ja?« Er machte große Augen, um einen besseren Einblick in das für Lisas Verhältnisse gewagte Dekolleté zu erhaschen.

Sie beugte sich extra nach vorne, bevor sie weitersprach.

»Der Aufprall hat meinem Nacken einen solchen Stoß versetzt, dass ich ... ach, ich kann es gar nicht aussprechen, Herr Doktor.«

Dann endlich wurde sie erlöst, als draußen vor der Tür eine Art Tumult losbrach. Die Sekretärin schimpfte und ein Mann keifte zurück. Er wolle sofort einen Termin und nicht erst in drei Monaten. Das sei eine Unverschämtheit.

Der Professor sah irritiert zur Tür und dann wieder zu Lisa.

Doch die schöne Stimmung von eben war dahin. Und es wurde einfach nicht ruhig da draußen.

»Ich glaube, ich muss meiner Sekretärin zur Hilfe kommen«, sagte er entschuldigend und verschwand aus seinem Büro.

Und das war genau der Moment, auf den Lisa gewartet hatte. Jetzt war der Professor draußen mit Jan beschäftigt, der den wild gewordenen gestörten Patienten mimte. Schnell schlich sie um den Schreibtisch herum und prägte sich alle sein, was wichtig werden könnte. Es lagen drei Patientenakten da, die sie in Sekundenschnelle mit ihrem Handy fotografierte. Und auf dem Bildschirm des PC gab es jede Menge Ordner mit unterschiedlichen Beschriftungen. Die Zeit würde sicher nicht reichen, um hineinzusehen. Doch auch davon machte sie ein Foto. Ihr Herz schlug ihr bis zum Hals, als sie sich wieder auf ihren Stuhl setzte, als auch schon im nächsten Moment der Professor wieder hereinkam.

»Entschuldigen Sie«, sagte er und breitete die Arme aus. »Es gibt unsägliche Menschen, und alle wollen zu mir.«

»Oh, dann will ich Sie auch nicht weiter aufhalten, Herr Professor«, beeilte sich Lisa zu sagen und stand auch schon auf.

»Aber wir haben doch noch gar nicht über ihr ganzes Problem gesprochen«, sagte Hansson verdattert.

»Dafür ist jetzt leider keine Zeit mehr«, entschuldigte sich Lisa und erhob sich vom Stuhl. »Ich habe auch noch einen Termin im Krankenhaus, wo noch einmal eine Kontrollaufnahme der Halswirbelsäule gemacht werden soll. Ich danke Ihnen aufrichtig für Ihre Zeit.«

»Immer wieder gerne«, sagte Hansson und sah ihr mit fragendem Blick nach.

»Meine Güte, was ich mit dir alles mitmachen muss«, sagte Lisa, als sie zu Jan in den Wagen stieg. Sie riss die dunkle Perücke herunter und warf sie auf den Rücksitz.

»Hauptsache, es hat etwas gebracht«, meinte Jan. »Meine Rolle war ja auch nicht gerade einfach.«

»Irgendwie fand ich das Ganze auch witzig, hatte was vom Ohnsorg-Theater«, lachte sie.

»Hast du denn in der kurzen Zeit irgendwas erreichen können?«

»Doch, du hast die beiden gut unterhalten. Ich konnte die Patientenakten und den Desktop mit vielen Ordnern fotografieren. In die Tiefe gehen war leider nicht drin, dafür hätte ich mehr Zeit gebraucht.«

»Schade«, sagte Jan. »Ich hätte zu gerne einen Blick in seinen Terminkalender geworfen. Aber wenn du gar nicht am Rechner dran warst …«

»He, du vergisst wohl, wie alt der Mann ist«, triumphierte Lisa. »Der führt seine Termine noch fein säuberlich in seinem Taschenkalender.«

Jans Gesicht hellte auf. »Und den hast du auch Seite für Seite fotografiert, nehme ich an.«

»Nicht ganz …« Lisa zog verschmitzt an dem Reißverschluss ihres Handtäschchens und zauberte ein in schwarzes Leder gebundenes Büchlein hervor.

»Echt jetzt? Du hast den mitgenommen?«

»Was blieb mir anderes übrig?«, meinte Lisa und grinste. »Und jetzt kannst du losfahren, damit wir das gute Stück bei einer Tasse Kaffee bei dir in aller Ruhe studieren können.«

Bobby

Jenny ließ niemanden an Bobby ran. »Er muss sich erst einmal an mich gewöhnen«, sagte sie immer wieder, wenn jemand von den anderen Bobby streicheln wollte.

»Lasst sie erst einmal in Ruhe«, sagte Alex und stellte sich schütztend vor Jenny. Sie fand ihr Verhalten aber dennoch merkwürdig. Fast sah es so aus, als habe Jenny Angst um das Tier. Und das ganz besonders, sobald Ruby in ihre Nähe kam. Doch Ruby verzog nicht einmal eine Miene, als Jenny mit dem Tier ins Haus kam. Auch dass hatte Alex mehr als gewundert, wo doch ein Tier, noch dazu, wenn es neu war, jeden in Verzückung versetzte. Aber Ruby war ja schon immer anders gewesen als andere.

Als sich die Lage etwas beruhigt hatte, ging Jenny sogar mit Bobby nach draußen und Alex folgte ihr.

Sie setzten sich auf die alten Gartenstühle, wo jede Menge Zigarettenkippen lagen.

»Ich muss nötig dafür sorgen, dass hier mehr Ordnung herrscht«, sagte Alex mehr zu sich selber.

»Mit dem Rauchen fange ich bestimmt niemals an«, sagte Jenny, die sah, was Alex ärgerte. »Was ist, wenn Bobby mal eine von den Kippen auffrisst und krank wird.«

»Ja, du hast recht Jenny. Ich werde gleich mit den anderen darüber sprechen, dass hier einiges anders werden muss.«

»Jan ist wirklich nett«, sagte Jenny.

»Da hast du recht. Nicht jeder Polizist würde so etwas machen«, stimmte Alex zu. »Worüber habt ihr denn so geredet, ihr beiden? Ich meine natürlich außer über die Katze«, sie lachte, um Jenny nicht zu verunsichern.

»Och, das weiß ich gar nicht ... aber es ist mir egal, was Dr. Hansson sagt.«

»Dr. Hansson? Ihr habt über Dr. Hansson gesprochen?«, horchte Alex auf.

»Ich glaube wohl. Ich weiß aber auch nicht. Es ging irgendwie um Ruby, und dass wir keine Freundinnen mehr sind ...« Sie legte Bobby auf ihre Schulter. »Ich gehe jetzt mit Bobby spazieren.« Offensichtlich war Jenny die Unterhaltung langweilig geworden. Sie lief jetzt mit dem Kater im Arm um den Hof herum.

Bevor Alex noch weiter auf ihre Bemerkung reagieren konnte, hörte sie, dass sich im Haus irgendwer stritt. Sie eilte hinein.

OFR Zero

Lisa hatte ihre Verletzung völlig vergessen und lümmelte sich in ganz bestimmt nicht schonender Haltung auf Jans Sofa.

Er hatte einen Kaffee gemacht und Lisas Handyfotos ausgedruckt. Zusammen mit den Fotos der Opfer und dem Notizbuch lag jetzt alles vor ihnen auf dem Tisch.

»Ob uns das weiterbringt?«, meinte Lisa und trank einen Schluck Kaffee.

»Die Chancen stehen bei uns doch immer fiftyfifty«, meinte Jan. »Lass uns einfach anfangen.« Er hatte sich das Notizbuch geschnappt und blätterte jeden Tag durch.

Lisa beschäftigte sich mit den Krankenakten beziehungsweise den Patientennamen, die darauf standen. Doch die Polizeidatenbank gab nichts her. Vermutlich waren es tatsächlich nur einfach Hilfesuchende ohne größere Wichtigkeit. Die Ordner des Desktops waren alphabetisch sortiert. Es gab einen für »Anträge«, einen für »Begutachtung« und so weiter und so fort. Alles in allem ziemlich langweilig.

»Hast du schon was?«, fragte sie in Richtung Jan. Nur zu gerne hätte sie ihm das Notizbuch abgenommen. Meistens gab es da irgendwelche verschlüsselten Hinweise.

»Nein, bisher nichts Auffälliges. Normale Termine würde ich sagen. »Kaffee mit einem Kollegen hier und Kongresse da.«

»Bei mir auch nichts Interessantes«, sagte Lisa, doch dann stutzte sie. »Was ist das denn?« Sie nahm das Foto vom Desktop in die Hand und hielt es gegen das Licht.

»Was ist denn?«, fragte Jan interessiert.

»Ich weiß nicht, ein komisches Wort. Ich kann es nicht lesen. Aber mit dem Licht kommt auch nicht mehr dabei heraus. Es ist eine Abkürzung. OFR Zero, heißt der Ordner.«

»Wie?« Jan hatte nicht alles mitbekommen.

»OFR Zero«, wiederholte Lisa. »Was kann das heißen?«

Jan überlegte einen Moment. »Keine Ahnung. Vielleicht ein Medikament. Du musst vermutlich nochmal zu ihm und dann an seinen PC ran.«

»Ja, das wäre toll. Aber nochmal kannst du da nicht im Flur ausflippen.«

»Du hast recht«, murmelte Jan und blätterte weiter in dem Notizbuch herum. »Sag mal, was hast du gesagt, wie heißt die Abkürzung?«

»Boah, wie oft muss ich das noch wiederholen«, maulte Lisa. »OFR Zero.«

»Scheiße, dann hat es was zu bedeuten. Diese Abkürzung steht hier auch im Notizbuch.« Er war mittlerweile bis zum Herbst im Jahr 2016 vorgedrungen.

»Wirklich? Zeig mal.«

Er hielt ihr das Notizbuch hin. »Ist zwar eine typische Doktorenschrift, aber ich würde sagen, ja.«

»Du hast recht«, sagte sie und wurde ernst. »Jan, wir haben endlich eine Spur.«

»Na ja ...«

»Doch, glaub mir. Der Mann kam mir sowieso nicht ganz geheuer vor. Etwas stimmt nicht mit ihm. Erst die Sache mit den Jugendlichen und dann diese Abkürzung. Vielleicht nennen sie unter Insidern den Hof, wo sie leben, so.«

»Hm ... könnte sein. Oder sie werden durch ein bestimmtes Behandlungsprogramm geschleust, das so benannt ist.«

»Oder sie kriegen Medikamente, die so heißen. Es ist alles möglich.« Lisa war Feuer und Flamme.

»Wie gehen wir jetzt weiter vor, Sherlock?«, lachte Jan.

»Ganz ehrlich, ich hab keine Ahnung. Aber ich werde jetzt meinen Computer so lange traktieren, bis er mir irgendetwas zu OFR Zero ausspuckt. Und wenn es die ganze Nacht dauert.«

»Dann mache ich uns nochmal einen Kaffee«, meinte Jan. »Sag mal, wo ist eigentlich Chief? Ich habe ihn schon eine ganze Weile nicht mehr gesehen, fällt mir gerade auf.«

»Hm ...«, machte Lisa. »Ich weiß gar nicht, ob ich ihn überhaupt schon gesehen habe, seitdem wir zurück sind. Wahrscheinlich liegt er hinten im Haus und bewacht den rückwärtigen Eingang.«

»Das könnte sein ...«

Doch Jan ließ es keine Ruhe, dass er nicht wusste, wo Chief war. Also lief er nach hinten zur Tür. Doch dort war der Hund nicht. Besorgt lief Jan durchs ganze Haus und sogar in den Schuppen nebenan. Doch von Chief gab es nicht die geringste Spur.

Er kam mit dem Kaffee und einer Flasche Rotwein wieder zu Lisa.

»Du, ich werde noch mal einen Spaziergang im Wald machen. Es lässt mir keine Ruhe, dass Chief nicht hier ist.«

»Ist okay«, antwortete sie. »Ich werde dich anrufen, wenn er hier verschlafen aus irgendeiner Ecke wieder auftaucht. He, mach dir keine Sorgen, Chief kann auf sich aufpassen.« Doch auch ihr machte das Verschwinden von Chief irgendwie Angst. Gerade jetzt, wo sie auf eine heiße Spur gestoßen zu sein schienen.

Jan war völlig verschwitzt. Er war immer schneller gelaufen und hatte immer nach Chief gerufen. War er vielleicht doch zu leichtsinnig gewesen, als er die Haustür hinten aufgelassen hatte? Wenn Chief etwas passiert war, war es alleine seine Schuld. Er schwor sich, fortan immer abzuschließen, wenn nur der Hund wieder gesund nach Hause kam.

»Jan?«, hörte er plötzlich eine Stimme hinter sich. Er drehte sich um.

»Alex? Was machst du denn hier?«

»Das könnte ich dich auch fragen«, antwortete sie trocken.

»Ich suche meinen Hund«, sagte er und spürte, dass sie ihm gegenüber auf Distanz gegangen war.

»Ist er weggelaufen?«

»Das weiß ich nicht. Als ich nach Hause kam, war er nicht da. Ich lasse die Hintertür immer auf, deshalb ist es mir jetzt erst aufgefallen, dass er nicht da ist. Ich meine, irgendwann kriegt so ein Hund ja Hunger ...«

»Tja, da sagst du was. Auf so eine Regung hoffe ich nämlich auch ...«

Jan verstand nicht ganz. »Wen suchst du denn?«

»Jenny«, sagte sie und ihre Stimme bekam plötzlich einen ängstlichen Unterton.

»Jenny? Was ist mir ihr? Wo ist der Kater?«

»Das ist es ja. Sie ist mit Bobby draußen alleine spazieren gegangen, weil sie niemanden an das Tier ranlassen wollte von den anderen. Vielleicht hätte ich diese Abkapselung von Anfang an unterbinden sollen.« Ihr liefen Tränen übers Gesicht. Jan war in wenigen Schritten bei ihr.

»He, sicher ist alles in Ordnung. Vielleicht hat Jenny sich nur ein ruhiges Versteck mit Bobby gesucht, damit sie von niemandem gestört wird.«

»Oh Gott, hoffentlich ist ihr nichts passiert. Ihr habt den Fall mit dem Toten hier ja immer noch nicht aufgeklärt. Wahrscheinlich läuft hier ein Mörder durch die Gegend ...« Sie verlor jetzt völlig die Fassung und warf sich an Jans Brust und weinte.

Er legte beide Arme um sie, um sie zu beruhigen. Dann sah er, dass sich etwas im Gebüsch hinter Alex bewegte. »Warte mal ...« Er löste sich von ihr und lief hinüber. Dann sah er die erste Pfote, die sich zwischen den Blättern einen Weg nach außen bahnte. Chief. »Das gibt es doch nicht«, rief Jan befreit aus. »Verdammter Köter, was machst du nur für Sachen.« Chief war mittlerweile in den Stand gekommen und reckte sich genüsslich. Jan strich ihm über den Rücken. »Damit ist jetzt Schluss, alter Freund. Ab sofort kommst du an die lange Leine.«

»Ich auch?«, hörte er plötzlich eine Mädchenstimme aus dem Gebüsch.

Er bückte sich.

»Jenny? Bist du das?«

Und tatsächlich kam auch Jenny mit Bobby auf dem Arm hervorgekrochen. In Sekundenschnelle war Alex bei ihr und drückte sie an sich.

»Mein Gott Jenny, ich bin fast verrückt geworden vor Sorge«, sagte sie, doch schimpfen konnte sie in diesem Moment nicht.

»Wir haben alle drei geschlafen«, strahlte Jenny. »Es war total gemütlich.«

Alex warf Jan noch einen dankbaren Blick zu und lief dann mit Jenny davon.

Eigentlich war doch alles gut gelaufen, dachte Jan. Chief war von ihm soeben zum Wächter des Waldes ernannt worden.

»Na sieh mal einer an«, lachte Lisa, »da ist ja unser Streuner.« Chief war ohne Umschweife zu ihr aufs Sofa geklettert.

»Tja unfassbar«, sagte Jan. »Er hat mit Jenny und der neuen Katze in einem Gebüsch geschlafen, während Alex und ich uns die Hacken abgelaufen sind.«

»Alex?«, horchte Lisa auf.

»Ja, sie hat nach Jenny gesucht.«

»Aha. Und hat sie sonst noch was gesagt?«

»Nein. Was sollte sie denn sagen?«

»Na, immerhin hast du den Namen von Hansson aus Jenny herausgequetscht.«

»Das kann Alex doch nicht wissen«, sagte Jan. Doch er erinnerte sich genau an die frostige Stimmung, die anfänglich herrschte, als er im Wald auf sie getroffen war. Was, wenn Lisa richtig lag und Alex darüber Bescheid wusste? Sie mussten unbedingt auf der Hut sein.

Jan hatte sich einen zweiten Laptop geholt und so suchten er und Lisa bis weit nach Mitternacht nach einem Hinweis auf die Abkürzung OFR Zero. Doch es gab nicht den kleinsten Anhaltspunkt.

Im Nirgendwo

Sie saßen im Kreis auf dem kalten Steinboden.

»Das mache ich nicht«, sagte der eine.

»Aber wenn Zero es so will«, erwiderte der andere. »Dann haben wir doch gar keine andere Wahl.«

»Wir können ihm nicht auf ewig verpflichtet sein.«

»Vergiss nicht, dass wir nur wegen ihm überhaupt in Freiheit leben können. Willst du das etwa wegen einer albernen Sentimentalität aufs Spiel setzen?«

Der andere dachte nach und sah dabei in das kleine Feuer, dass sie in der Mitte mit ein paar zusammengesuchten Holzscheiten entzündet hatten.

Der Dritte hatte sich bisher noch gar nicht zu Wort gemeldet. Jetzt richtete er sich auf und sah auf seine beiden Freunde.

»Wir müssen alles tun, was notwendig ist. Wir haben ein Versprechen abgegeben und dafür die Freiheit erhalten. Ich weiß nicht, worüber man da noch diskutieren muss. Es geht doch nur um einen Menschen.«

»Sind wir denn wirklich frei?«, fragte der Zweifler.

Die anderen beiden sahen ihn an und zuckten mit den Schultern.

Sie erhoben sich und einer trat das Feuer aus. Es würde eine lange Nacht werden.

So einsam und so tot

Lisa merkte am Morgen, dass sie es doch ein wenig übertrieben hatte. Ihr Nacken tat ihr weh und eine stille Angst fuhr durch ihre Glieder. Sie hatte den Kontrolltermin gestern sausen lassen. Sie wunderte sich, dass die Schwester sie deswegen noch gar nicht angerufen hatte. Oder hatte sie?

Lisa suchte unter den vielen Dingen, die auf dem Tisch lagen, nach ihrem Handy. Schließlich fand sie es unter einigen Fotos. Es hatte sich niemand gemeldet. Sie nahm sich vor, Jan gleich nach dem Frühstück zu bitten, sie zur Klinik zu fahren.

Jan kam aus dem Bad zurück.

»Guten Morgen, konntest du einigermaßen auf dem Sofa schlafen?«

»Ach geht so«, antwortete Lisa. »Machst du einen Kaffee?«

»Klar.« Er hantierte an der Maschine herum.

»Du müsstest mich gleich zum Kontrolltermin fahren«, sagte sie und verschwand im Bad.

Als Jan die Maschine anstellte, klingelte sein Handy. Er ging ran. Er hörte zu und lehnte sich dann matt an die Küchenzeile.

»Was ist los?«, fragte Lisa, als sie in die Küche zurückkam.

»Es gibt wieder ein Opfer«, sagte er.

»Nein!«, entfuhr es Lisa. »Verdammt, wir sind einfach zu langsam. Wann und wo ist es passiert?«

»Vermutlich heute Nacht. Es ist beim Einkaufscenter in der Tiefgarage ... und es ist ...«

»Was ist los Jan?« Sie sah, dass es ihm schwerfiel, weiter zu reden.

»Es ist ein kleiner Junge.«

In Lisa zog sich alles zusammen. »Ein Kind!«, rief sie aus und krümmte sich nach vorne. »Das kann doch nicht sein ...« Ihr liefen Tränen übers Gesicht. Sie konnte nicht weiter sprechen.

Jan kam zu ihr und nahm sie in den Arm. »Wir haben doch alles getan, Lisa. Wir haben doch alles versucht.«

»Es war nicht genug ... es war nicht genug«, flüsterte sie. »Und wenn ich die Täter in die Finger kriege, dann werde ich sie eigenhändig erschießen.«

Jan schob sie zum Sofa, wo sie sich setzte.

»Ich hol dir einen Kaffee ...«

Irgendwann mussten sie hin zum Tatort, auch wenn`s schwerfiel.

Ole Meemken und die Spurensicherung waren praktisch schon fertig, als Jan und Lisa eintrafen.

»Ich schmeiß den Job«, sagte Ole, »ich hab keinen Bock mehr auf die Scheiße ... schon wieder ein Kind.«

»Ja, wir haben's schon gehört«, sagte Jan. Lisa starrte nur auf den kleinen Körper und sie konnte nicht mehr sprechen.

»Ich erspar euch die fiesen Details, es sei denn, ihr wollt es unbedingt wissen«, sagte Ole und kam aus der Hocke hoch.

Jan zog ihn beiseite. »Es geht Lisa im Moment nicht so gut«, erklärte er. »Was genau ist passiert?«

Ole lehnte sich an die kalte Wand und atmete tief durch. Dann schilderte er, was der kleine Junge, der etwa fünf oder sechs Jahre alt sein mochte, durchgemacht hatte. Am Ende war er wohl an einer schleimigen Flüssigkeit erstickt, die man in seinem Mund gefunden habe. Größere Wunden gäbe es nicht, aber schon leichte Einschnitte in die Haut, die vermutlich von einem scharfen Messer oder einer Rasierklinge herrühren könnten. Aber das sei alles noch Spekulation. In Oldenburg wisse er später mehr.

Auch Jan musste sich Halt suchen. Das war einfach zu viel. Ein kleines Kind. Was waren das für schreckliche Monster, die da am Werk waren?

»Weiß man denn, wer er ist?«, fragte Jan.

»Nicht hunterprozentig«, antwortete Ole. »Man hat da eine Familie im Auge, die ihren Nachwuchs ziemlich verloddern lässt. Dahin sind bereits zwei Kollegen unterwegs.«

»Alles klar«, sagte Jan und drehte sich wieder zu Lisa um. Doch sie war nicht zu sehen. »Ich guck dann mal, wo Lisa ist«, sagte er zu Ole und wandte sich zum Gehen.

Er fand Lisa schließlich im Wagen. Völlig apathisch saß sie da und starrte nur geradeaus. Jan sagte nichts. Was hätte er auch sagen sollen. Er startete den Wagen und fuhr zu seinem Hof zurück.

Zuhause hatte Lisa sich ein wenig gefangen. »Es tut mir leid, dass ich mich eben so daneben benommen habe«, sagte sie matt und griff nach dem Glas Wasser, das Jan ihr hingestellt hatte.

»Ach, schon Okay. Ist ja auch eine schreckliche Sache, wenn es um Kinder geht. Auch Ole hat die Nase voll. Irgendwann kann man einfach nicht mehr. Soll ich dich vielleicht gleich noch zu seiner Kontrolle fahren?«

»Ach, da scheiß ich drauf«, sagte sie müde. »Wir und unsere kleinen Wehwehchen. Geradezu lächerlich, wie man sich manchmal anstellt. Das ist doch nichts im Vergleich zu dem, was der kleine Junge da mitgemacht hat.

Und das alles nur, weil wir den Wald vor lauter Bäumen nicht sehen. Aber ich schwöre dir, jetzt gehen wir anders an die Sache ran.«

So gut schien es ihr dann doch wohl noch nicht zu gehen, dachte Jan. Er verstand ja, dass sie so reagierte. Aber Wut war noch nie ein guter Berater im Job gewesen.

»Lass uns den verdammten Hof mit dieser Alex auf den Kopf stellen«, schimpfte Lisa. »Wir haben sie schon viel zu lange verschont. Und wenn es sein muss, dann schließen wir das Ding und verhören sie so lange, bis sie endlich auspackt. Sie steckt doch mit diesem Hansson unter einer Decke, da kannst du sagen, was du willst.«

Es ist besser, sie regt sich auf, als dass sie sich in Depressionen flüchtet, dachte Jan und sagte nichts weiter zu ihrem Ausbruch.

Aber vielleicht hatte sie recht. Sie waren viel zu vorsichtig gewesen. Und vielleicht hatte jetzt ein kleiner Junge dafür mit seinem Leben bezahlt.

Tacheles

Nach einer Stunde hatten sie ihren Durchsuchungsbefehl und rückten mit drei Streifenwagen bei dem Hof an.

Einige Radfahrer und Spaziergänger wichen erschrocken zurück, als sie die Sirenen und kurz darauf die Polizeiwagen hörten. Es kam in Tannenhausen nicht oft zu solchen Polizeieinsätzen. Und jeder hier im Ort hatte von dem schrecklichen Verbrechen gehört. Alte Leute verschlossen Türen und Fenster und riefen bei den Nachbarn an.

»Was soll das denn?« Alex war vors Haus getreten und stemmte ihre Hände in die Hüften.

»Wir müssen den Hof durchsuchen«, sagte Lisa mit versteinertem Gesicht. »Besser, du machst uns keine Schwierigkeiten.«

»Das ist ja total verrückt«, sagte Alex und starrte auf den Durchsuchungsbeschluss, den Lisa ihr unter die Nase hielt.

Den Jugendlichen hingegen gefiel der Auftritt und sie versammelten sich draußen vor der Tür oder setzten sich in die Gartenstühle, um auch wirklich alles mitzubekommen. Selbst Ruby hatte sich von ihrer Spielekonsole lösen können, und sah jetzt teilnahmslos dabei zu, wie die Uniformierten in das Haus strömten.

»Ich versteh das einfach nicht«, sagte Alex frustriert und richtete ihren Blick dabei auf Jan, demjenigen, von dem sie sich noch am ehesten Verständnis erhoffte.

»Es gibt Verdachtsmomente«, erklärte er, »mehr kann ich dazu beim besten Willen zu diesem Zeitpunkt nicht sagen.«

»Verdachtsmomente? Weil Jennys Katze ermordet worden ist? Oder weil ich sie gestern im Wald verloren hatte? Was zum Teufel ist hier eigentlich los?« Wütend stampfte sie mit dem Fuß auf. »Du bist dir hoffentlich darüber im Klaren, dass ich bei so einem Einsatz der Jugendbehörde eine Menge zu erklären habe. Vielleicht ist sogar unser ganzes Projekt in Gefahr!«

Projekt? Jan hakte sofort nach.

»Wie heißt euer Projekt denn?«

»Was spielt das denn jetzt für eine Rolle?«

»Es interessiert mich einfach«, sagte er.

»Das hat keinen bestimmten Namen«, antwortete sie. Jan war der Einzige, zu dem sie hier ansatzweise Vertrauen hatte. »Wir nennen es intern Your way, weil es den Jugendlichen ihren individuellen Weg aufzeigen soll.«

Schade, dachte Jan. Das hatte überhaupt nichts mit der Abkürzung OFR Zero zu tun.

»Na, sie werden ihren Weg schon gehen, wenn man sie lässt«, sagte er.

Lisa war im Haus verschwunden und beschlagnahmte acht Laptops und zwei PCs. Die Jugendlichen schimpften Zeter und Mordio, als sie sahen, wie ihre Kontaktmöglichkeiten zur Außenwelt von den Beamten davongetragen wurden.

»Ihr bekommt sie so schnell wie möglich wieder«, sagte Lisa kühl. Ihre Halskrause hatte sie zuhause abgerissen und rieb sich jetzt den Nacken.

»Alles in Ordnung?«, fragte Jan, der inzwischen die Scheune mit einem Beamten auf den Kopf gestellt hatte.

»Geht so«, sagte sie. »Du hast dich ja sehr angeregt mit deiner Alex unterhalten eben«, ergänzte sie spitz.

»He, solange wir nichts gegen sie in der Hand haben, müssen wir kooperieren.«

»Dann kooperiere du mal schön weiter, ich werde jetzt in die Dienststelle fahren und mir die PCs vorknöpfen.«

Sie ließ ihn stehen und rannte förmlich zu einem Streifenwagen, wo sie bat, mitgenommen zu werden.

»Ich komme auch gleich«, sagte er, doch sie hörte ihn nicht mehr.

Ausgerastet

Als er die Nachrichten im Lokalsender hörte, raste sein Puls in die Höhe. Das konnte doch einfach nicht wahr sein! Hatten wirklich sie es getan? Er betete, dass dem nicht so war und griff zum Telefon.

Nach wenigen Minuten hatte er die Bestätigung.

»Seid ihr denn von allen guten Geistern verlassen!«, brüllte er in den Hörer.

»Es sollte ein Kind sein und wir haben ein Kind geliefert«, kam es kühl vom anderen Ende.

»Aber doch nicht so ein Kind, das noch eine Familie hat!«, brüllte er weiter. »Die Polizei wird dabei nicht so luschig vorgehen wie einem Penner oder einer Hure. Wir hatten doch etwas anderes vereinbart, habt ihr das etwa vergessen?«

»Wir kamen nicht an sie ran«, bekam er zur Antwort. »Sie war nicht da.«

»Was soll das heißen, sie war nicht da? Sie kann doch gar nicht weg! Dafür habe ich doch bei meiner Einweisung gesorgt!« Er schnaubte wütend aus.

»Tja, und trotzdem war sie nicht da.«

»Also habt ihr euch das nächstbeste Kind gegriffen? Ihr seid ja noch verrückter, als ich ohnehin schon dachte. Und saudämlich auch noch dazu!« Er hatte nicht übel Lust, die Drei einfach wieder in die Geschlossene einweisen zu lassen. Wer würde ihnen ihre haarsträubende Story schon glauben?

»Es wird schon alles gutgehen«, kam es nach einem Moment der Stille vom anderen Ende. Sollen wir Jenny trotzdem noch holen?«

»Blödsinn«, blaffte er und knallte den Hörer auf.

Wahrscheinlich habe ich ihnen doch zu viel zugemutet, dachte er mürrisch.

Die Stecknadel im Heuhaufen

Jan sagte nichts und schlich bewusst lautlos und auf Zehenspitzen zu seinem Schreibtisch, als er ins Büro kam.

»Blödmann«, sagte Lisa und platzte aus vor Lachen.

»Na, bevor ich mir wieder einen Rüffel einfange«, meinte Jan süffisant.

»Sorry, ich war echt schräg drauf vorhin ...«

»Schon gut. Dazu hat jeder einmal das Recht bei unserem Job.«

»Ich habe dir drei Laptops auf den Tisch gestellt, damit kannst du dich beschäftigen.«

»Oh danke«, lachte er und klappte den Ersten auf. »Bist du denn schon auf irgendetwas gestoßen?«

»Bisher nichts außer blöden Ballerspielen und Fotos von nackten Frauen.«

»Verstehe. Das Übliche in der Pubertät.«

»Es sei ihnen gegönnt«, sagte Lisa, die froh war, nicht auf bestialisch zugerichtete Opfer gestoßen zu sein bisher. »Dir habe ich übrigens den Laptop von Alex hingestellt. Sicher ist es ihr lieber, wenn du den unter die Lupe nimmst.«

»Ja, den habe ich hier gerade als Erstes gegriffen. Sieht alles nach irgendwelchen Aufzeichnungen zu den Therapieerfolgen und Tagesabläufen so einer Einrichtung aus. Ich muss mich schon wundern, dass der Rechner nicht geschützt ist. So kann doch jeder an die Sachen ran und sie manipulieren.«

»Hm ... gar kein schlechter Gedanke«, meinte Lisa. »Wenn da ein besonders pfiffiges Kerlchen dabei ist, dann wird aus einem reißenden Wolf plötzlich ein zahmes Lämmchen.«

»Na ja, irgendwo würde die Diskrepanz dann aber sicher auffallen«, wandte Jan ein.

»Ja, vermutlich, wenn er bei der nächsten Untersuchung den Professor angreift«, lachte Lisa.

»Zum Beispiel ...«

Es wurde still und sie machten sich schweigend an den Rechnern und den vielen Dateien, die es zu untersuchen gab, zu schaffen. Gegen ein Uhr schlug Lisa eine kurze Pause vor, die sie in einem kleinen Restaurant in der Auricher Innenstadt verbrachten. Sie winkte ab, als er mit ihr zum Kontrolltermin wegen ihres Nackens fahren wollte. Kein Zweifel, der Mord an dem kleinen Jungen hatte sie härter gemacht. Gegen sich und gegen andere.

Als sie in die Dienststelle zurückkehrten, hatte Ole Meemken einen ersten vorläufigen Bericht rübergeschickt. Es war so, wie er vermutet hatte. Der Junge war an der

163

Flüssigkeit, die bis in seinen Bauch vorgedrungen war, erstickt. Er hatte sich Ausführungen dazu, wie lange es bis zum Tod gedauert haben mochte erspart, und Lisa war ihm insgeheim dankbar dafür.

»Sagt er auch etwas zu seiner Kleidung?«, fragte Jan. »Ich meine, ließen sich dabei auch Spuren von Benzin nachweisen so wie bei den anderen Opfern?«

Lisa überflog den Text und nickte. »Ja, auch an seiner Kleidung gab es Spuren davon.«

»Aber nach allem, was ich heute Morgen in der Scheune bei dem Hof der Jugendlichen gesehen habe, glaube ich nicht mehr daran, dass das der Tatort sein könnte«, sagte Jan.

»Ich ehrlich gesagt auch nicht. Und vielleicht war es sogar übertrieben, dass wir da so reingestürmt sind.«

»Egal. Jetzt haben wir jedenfalls bald Gewissheit, wenn sie sauber sind.« Jan klappte den nächsten Rechner auf, um weiter nach Hinweisen zu suchen.

Um drei Uhr holte Lisa einen Kaffee für beide.

Nach einer weiteren Stunde stieß sie merkwürdige Laute aus.

»Was ist los?«, fragte Jan und sah zu ihr herüber. Sie grinste übers ganze Gesicht.

»Vielleicht habe ich etwas gefunden«, sagte sie und schaukelte mit dem Oberkörper hin und her.

»Nun sag schon ...«, quengelte Jan.

»Ruby hat offensichtlich einen Bruder.«

»Aha«, Jan schaltete schon wieder auf Durchzug. Was sollte daran denn schon so interessant sein. Jeder hatte irgendwelche Verwandten.

»He, versau mir jetzt nicht die Pointe«, lachte Lisa. »Das Beste weißt du ja noch gar nicht.«

Jan sah ihr zuliebe wieder auf und machte ein neugieriges Gesicht.

»Er ist auch in Behandlung«, triumphierte Lisa, »und du rätst nicht bei wem ... oder wahrscheinlich doch.«

»Dr. Hansson«, sagte Jan mit kühler Stimme. »Das kann ein Zufall sein.«

»Oder auch nicht«, entgegnete Lisa. »Die beiden haben regen Mailkontakt.«

»Und was schreiben sie sich so?«, Jan war aufgestanden und ging jetzt zu Lisa hinter den Schreibtisch, um es mit eigenen Augen zu sehen.

»Ich weiß nicht, viel belangloses Zeugs ... aber sie erzählt ihm eine Menge über die anderen Bewohner, und am meisten scheint er sich für Jenny zu interessieren.« Sie scrollte zu einer längeren Mail, wo es um das junge

Mädchen ging, das jetzt mit dem Polizisten zum Tierheim gefahren war.

»Ich komme auch darin vor«, sagte Jan und es fühlte sich komisch an. »Druck mir die Konversation doch bitte mal aus«, bat er, »das möchte ich mir genauer angucken.«

Lisa drückte auf die passende Taste.

»Sie könnte das Leck sein«, sagte er.

»Leck?«

»Eine Informantin und der Kontakt zu Hansson. Wir waren bisher davon ausgegangen, dass es Alex ist, die in der Sache mit drinsteckt. Aber es könnte doch auch Ruby sein.«

»Du hast recht«, sagte Lisa und ihre Stimme hatte einen dunklen Klang.

»Das könnte auch erklären, warum sie immer so abwesend wirkt«, sagte Jan und nahm den Ausdruck an sich. »Es scheint sie nichts wirklich zu berühren, was dort passiert. Doch sie hat alles im Blick. Ich habe dir ja davon erzählt, dass sie keine Miene verzogen hat, als man Jennys erste Katze ermordet hat.«

»Du meinst, sie könnte das getan haben?«

»Ich kann es mir mittlerweile sehr gut vorstellen«, sagte er und lief wieder zu seinem Schreibtisch.

Lisa durchforstete den kompletten Mailverkehr von Ruby. Neben ihrem Bruder, der Jamie hieß, hatte das Mädchen noch zu vier oder fünf anderen Personen einen loseren Kontakt unterhalten, bei dem es um Alltägliches ging, was junge Mädchen in dem Alter beschäftigte. Sie druckte alle Mails, bei denen es um Informationen aus der Wohngruppe an ihren Bruder ging, aus.

»Meinst du, wir sollten mit Alex darüber reden?«, fragte sie, als sie alles sortiert hatte.

»Das halte ich noch für zu früh«, meinte Jan. »Noch wissen wir nicht sicher, ob Alex wirklich sauber ist. Wir müssen versuchen, diesen Jamie zu finden.«

»Könnte schwierig werden«, meinte Lisa. »Sie haben bei ihren ganzen Unterhaltungen nie über Standorte gesprochen. Nicht ein einziges Mal. Vielleicht haben sie sich sogar nie persönlich getroffen, sondern immer nur über Mails Kontakt gehalten.«

»Das könnte sein. Schon alleine deswegen, damit sie nicht auffliegen. Wir müssen jetzt die richtigen Namen der Jugendlichen in Erfahrung bringen. Dann können wir darüber vielleicht auch diesen Jamie finden.«

»Machst du das?«, fragte Lisa. »Ich will mich noch mit den restlichen PCs beschäftigen.«

»Ja, ist gut. Ich werde zu Alex rausfahren und sie einfach fragen. Das dürfte die schnellste Variante sein. Wir sehen uns nachher bei mir auf dem Hof zum Abendbrot.«

Sie nickte ihm zu und blieb alleine zurück.

Auf der Fahrt zum Hof überlegte Jan, inwieweit er Alex würde einweihen können, um an die nötigen Informationen zu kommen. Er beschloss, auf der Hut zu bleiben.

Sie saß draußen vor der Tür, als er dort eintraf.

»Dass du dich noch hierher traust«, sagte sie anstatt einer Begrüßung.

»Wir hatten keine andere Wahl«, sagte Jan und es klang ehrlich.

»Und wieso nicht? Was um Himmels willen hat uns hier verdächtig gemacht? Hör mal, es handelt sich um Heranwachsende, pubertierende Jugendliche. Glaubst du allen Ernstes, dass sie nachts durch die Gegend laufen und Menschen abstechen?«

Jan setzte sich in einen Gartenstuhl neben ihr.

»Nein, natürlich denken wir das nicht. Doch es ist nun einmal hier ganz in der Nähe passiert. Wir müssen alles in Betracht ziehen. Und bevor du dich wieder aufregst, wir haben in der Scheune auch nichts Auffälliges entdeckt. Und auch wenn deine Jugendlichen nichts mit den Morden zu tun haben, so könnte es durchaus sein, dass jemand in der Scheune gewesen ist, ohne dass ihr davon wisst.«

Sie wog die Argumente ab und kräuselte dann die Stirn.

»Na gut, so gesehen hast du sicher recht. Doch es kam so überfallartig. Wundert es dich da, dass ich so reagiere?«

»Wir müssen so arbeiten«, sagte Jan, »sonst würden wir vielleicht jemanden verscheuchen.«

Alex seufzte auf. »Sie haben sich ein wenig beruhigt«, sie blickte zum Küchenfenster. »Wie lange werdet ihr die PCs denn noch für die Untersuchungen brauchen? Sie sind für die Kids wie ein Lebenselixier, ein Fenster in die Welt da draußen. Sie kommen doch sonst nicht unter die Leute.«

»Verstehe ich ja ... aber bis übermorgen könnte es schon noch dauern. Vielleicht kannst du die Gelegenheit nutzen, und mal wieder was anderes mit ihnen unternehmen.«

Alex lachte höhnisch auf. »Die haben aber an nichts anderem Interesse. Und dabei ist es egal, ob sie labil sind und aus schwierigen Verhältnissen kommen, oder es sich um ganz normale, wie man so schön sagt, Jugendliche handelt. Das Leben findet heutzutage im Netz statt.«

»Wo wir gerade dabei sind ...«, wand sich Jan, »ich müsste bei dieser Gelegenheit auch die richtigen Namen der Kids haben.«

»Wieso das denn? Eben sagtest du doch noch, sie seien nicht verdächtig.«

»Sind sie auch nicht, keine Angst. Aber wir müssen die Namen haben, weil wir sonst mit den Daten der PCs nicht zurechtkommen. Es ist nur Routine, glaub mir.«

»Hm ...«, Alex legte ein Bein übers andere. »Diese Daten sind eigentlich streng vertraulich und gehen niemanden etwas an.«

Jan sah sie weiterhin unverwandt und mit bestimmten Blick an.

»Aber wenn du sagst, dass es notwendig ist ...«

Er nickte.

»Na gut, ich hole mir etwas zu schreiben.« Alex verschwand im Haus.

Jan saß jetzt alleine da und sah sich um. Es wirkte idyllisch hier. Und doch loderte etwas im Hintergrund. Nur ein kleines Feuer, doch es wurde immer größer und größer.

Sein Blick wanderte über den nahegelegenen Wald. Es war so viel passiert, seitdem er hier wohnte, dass es ihn fast schon reizte, diese Gegend wieder zu verlassen. Er hatte einsam und in der absoluten Anonymität leben wollen und jetzt hatte er einen Toten am Hals, der in unmittelbarem Zusammenhang zu seinen Nachbarn stand. Konnte das wirklich auf Dauer gut gehen? Es wurde ihm alles schon wieder zu eng. Würde er immer auf der Flucht sein? Auf der Flucht vor sich selber?

Alex kam mit einem DINA 4 Bogen zurück und gab ihn Jan. Er warf einen kurzen Blick darauf, faltete ihn zusammen und steckte ihn in seine Jackentasche. »Danke«, sagte er.

»Ich hätte es doch sowieso nicht verhindern können«, seufzte Alex. »Sie sind doch meine Schützlinge.«

In diesem Moment hatte ihr Gesicht den Ausdruck einer perfekten Mutter, dachte Jan irritiert.

»Wieso hast du eigentlich Jenny nach Dr. Hansson ausgefragt?«, fragte Alex plötzlich.

Jan hatte schon geahnt, dass da noch etwas war.

»Routine«, sagte er.

»Bei dir ist wohl alles immer nur Routine, was? Aber mich kannst du nicht für dumm verkaufen.«

Jan bekam ein schlechtes Gewissen. Es stimmte, er war nicht zu der Befragung von Jenny berechtigt gewesen. Wenn Alex daraus jetzt eine Riesensache machte und sich beschwerte, wäre er in Erklärungsnot. Von dem Auftritt bei

Hansson ganz zu schweigen, wenn auch das noch herauskam.

»Wir haben gewisse Verdachtsmomente gegen ihn«, sagte er schließlich und biss sich innerlich auf die Zunge, die Lisa ihm bestimmt genau in diesem Moment abreißen würde.

»Gegen Professor Hansson?«, fragte Alex ungläubig und er kaufte ihr die Überraschung ohne weiteres ab.

Jan nickte. »Aber mehr kann ich dazu wirklich nicht sagen. Selbst das eben dürftest du eigentlich wissen. Deshalb bitte ich dich, darüber Stillschweigen zu bewahren.«

Vielleicht war dieses kleine Zugeständnis gar nicht so übel, dachte Jan im Nachhinein. Denn jetzt wäre Alex ganz sicher wieder auf seiner Seite und kooperationsbereiter, da sie anscheinend sein Vertrauen genoss.

»Ich werde niemandem etwas sagen«, versicherte Alex. »Wem gegenüber denn auch. Etwa meinen Kids?«, sie lachte auf. »Ich hoffe nur, dass diese blöde Sache bald aus der Welt ist, damit ich endlich wieder in Ruhe mit meinen Schützlingen arbeiten kann. Sie haben alle so viel durchgemacht ...«

Jan schwieg und nahm nur ihre Hand und drückte sie. Er meinte es ehrlich. Auch ihm taten diese Jugendlichen leid. Bis auf Ruby vielleicht. Da war er sich noch nicht so sicher. Er wurde aus ihr einfach nicht schlau, denn ihr Gesicht verriet nichts.

»Wie heißt eigentlich Rubys Bruder?«, fragte er schließlich und sah Alex offen an.

»Bruder ... hm ... ich glaube, der heißt James Woldering, wenn ich mich recht entsinne. Wofür ist das wichtig?«

Jan schwieg.

»Alles klar«, sagte sie. »Ich geh dann mal rein ins Haus.«

Er verabschiedete sich und fuhr zu seinem Hof, wo er glaubte, bereits auf Lisa zu treffen.

Panik

Schweißgebadet kam Hansson bei der Halle an. Er hatte es als sicherer betrachtet, dass sie für eine Weile hier verschwanden, solange die Polizei an den drei Morden interessiert war. Sie konnten ja nicht wissen, dass sie diese niemals würden lösen können. Es gab keine Namen, es gab kein Motiv. Wenn nur dieser verdammte tote Junge nicht dazwischen gekommen wäre. Er könnte ihm das Genick brechen und seine gesamte Karriere als Psychiater ruinieren. Soweit durfte es nicht kommen.

Drinnen saßen die Drei schon bereit und ihre Rucksäcke mit den wenigen Habseligkeiten waren gepackt.

»Wo bringst du uns hin?«, fragte der eine, während die anderen beiden ihn nur stumm musterten.

Manchmal hasste er ihre Gesichter.

»Ich habe ein Ferienhaus an einem See gut zwei Stunden von hier entfernt«, sagte Hansson. »Wenn wir gleich losfahren, sind wir zum Abendbrot dort.«

»Und was sollen wir da?«

»Ihr müsst untertauchen. Es geht nicht anders. Das mit dem Jungen hätte nicht passieren dürfen.« Ungeduldig lief er im Raum auf und ab.

Es stank hier entsetzlich, dachte er. Wie konnten sie nur hier leben? Doch sie hatten ja keine andere Wahl. Wenn man sie erwischte, dann landeten sie in der Geschlossenen. Eigentlich dürften sie gar nicht frei sein. Das hatten sie doch nur ihm zu verdanken. Und jetzt sollten sie endlich ruhig sein und mitkommen.

Schließlich warfen sie ihre Rucksäcke hinten in den Geländewagen und stiegen ein.

Drei Stunden später ruderte Hansson schwerfällig auf den großen See hinaus, an dem sonst keine Menschenseele um diese Uhrzeit mehr zu entdecken war. Auch wenn es anstrengend war, so ruderte er doch bis mitten auf den See. Er wollte sicher sein, dass wirklich absolut niemand mitbekam, wenn drei in Kartoffelsäcke eingewickelte Leichen in den See plumpsten.

Puzzleteile

Lisa hatte die restlichen drei Laptops, die sie in der Dienststelle nicht mehr geschafft hatte, mit in Jans Haus gebracht. Chief lag neben ihr auf dem Sofa, als er ins Haus kam.

»Und? Hast du die Namen?«, fragte Lisa sofort und freute sich, als er nickte.

»Tee oder Kaffee?«, fragte er.

»Rotwein«, antwortete Lisa und schmunzelte. »Ich weiß doch, dass du alles andere nur wegen mir trinken würdest.«

Er grinste und holte eine neue Flasche und zwei Gläser. Dann legte er den Zettel mit den Namen auf den Tisch.

Lisa überflog ihn rasch und stieß dann auf einen James Woldering.

»Das könnte er sein«, sagte sie, »ich meine Jamie.«

»Ja, darauf tippe ich auch", sagte Jan mit schlechtem Gewissen. Denn Alex hatte ihm diese Sache ja schon bestätigt. Jetzt wollte er Lisa gegenüber nicht zugeben, dass er mit ihr darüber gesprochen hatte.

»Wir haben ja sonst nichts in der Hand«, wandte Lisa ein. »Lass uns einfach davon ausgehen, dass James auch Jamie ist.« Sie tippte etwas in ihren Polizeicomputer.

»Es liegt nichts gegen ihn vor«, sagte sie enttäuscht, »und nicht einmal einen Wohnort oder eine alte Adresse kann ich zu dem Namen finden. Ist doch irgendwie komisch, oder?«

»Such doch einfach mal nach Ruby oder besser gesagt Gabriele Wittrock«, schlug Jan vor.

Lisa machte auch das. »Tja, zu ihr wird sofort die Wohngruppe ausgespuckt. Echt, es kann doch nicht sein, dass ihr Bruder nicht existiert.«

»Merkwürdig ist das schon, aber auf der anderen Seite muss er ja auch nicht in Ostfriesland sein. Ja noch nicht einmal in Deutschland, wenn man es genau bedenkt. Sie kommunizieren ja nur über E-Mails«, meinte Jan.

»Darüber habe ich noch gar nicht nachgedacht, aber du hast recht. Vielleicht lässt er sich in Florida die Sonne auf den Pelz brennen. Sag mal, gibt es eigentlich auch was zu essen. Also, wenn ich jetzt Rotwein trinke, dann brauche ich auch mindestens Käseecken und Knabberzeug.«

»Frauen«, lachte Jan und zwinkerte Chief zu, der ihm zum Kühlschrank folgte.

Dann tischte er einen Käseteller und Salzstangen sowie ein paar Erdnüsse auf.

»Reicht das fürs Erste?«, fragte er und setzte sich zu Lisa aufs Sofa.

»Hm ...« Lisa kaute bereits auf einem Stück Käse herum und strahlte ihn an wie ein kleines Kind, dem man seine Lieblingsschokolade in den Mund gesteckt hatte.

Jan sah es gerne, dass es ihr besser ging. Es würde sich alles wieder einrenken. Im wahrsten Sinne des Wortes.

»So, wo waren wir stehen geblieben?«, fragte Lisa, als sie mit dem Rotwein angestoßen hatten.

»Bei dem unauffindbaren Jamie«, sagte Jan.

»Genau. Sag mal, warum war er für uns eigentlich nochmal wichtig?«, Lisa kicherte.

»Na, weil er vermutlich Rubys Bruder ist, deshalb.«

»Stimmt. Aber sonst? Ich meine, spielt er eigentlich überhaupt eine Rolle bei der ganzen Sache? Das ist es doch, was wir uns fragen müssen?«

»Machst du ja gerade.«

»Und was denkst du? Wie könnten er und natürlich auch seine Schwester, darin involviert sein, außer, dass er auch bei Hansson in Therapie war? Er ist doch höchstens achtzehn oder zwanzig, nehme ich an.«

»Vielleicht ist ja das der Schlüssel ...« Jan bekam wieder diesen typischen Blick, wenn er in die dritte Dimension eintauchte.

»Was ist der Schlüssel?«, fragte Lisa schnell, bevor sie ihn nicht mehr erreichte.

Jan lehnte sich zurück, legte die Hände in den Nacken und sah aus dem großen Fenster in den für ihn herannahenden Herbstwald. Viele Bäume hatten bereits die Hälfte ihrer Blätter abgeworfen. Sie waren müde.

»Die Therapie«, sagte Jan, »wir müssen zu Hansson. So schnell wie möglich.«

»Jetzt noch?«, fragte Lisa und sah zur Uhr. Gleich war kurz nach zweiundzwanzig Uhr.

»Ja, es muss sein«, sagte Jan. »Such bitte schnell die Privatadresse heraus.« Er sprang vom Sofa auf und wartete.

Lisa tippte mehrere Buchstabenfolgen ein und zuckte dann mit den Schultern. »Es gibt keine private Adresse eines Professors namens Hansson«, sagte sie resigniert.

»Das kann nicht sein.« Jan setzte sich wieder und sah selber mit in den PC. »Ist doch merkwürdig, oder?« Lisa bekam eine Gänsehaut. »Was ist das bloß für ein Arzt, der so ein Geheimnis um seine private Wohnung macht?«

»Kein guter, wenn du mich fragst«, sagte Jan und griff wieder zu seinem Rotweinglas.

Und auch, als Lisa es über die Zulassungsstelle der Pkw versuchte, ein Professor Hansson war nicht zu finden. Ob er womöglich auch unter falschem Namen praktizierte?

Sie beschlossen, gleich am nächsten Morgen zu seiner Praxis zu fahren.

Fahndung

Jan hatte einen Streifenwagen geordert, als er mit Lisa am nächsten Tag in den Wagen stieg. Sie hatten beschlossen, den Professor vorläufig festzunehmen. Alle Indizien liefen plötzlich in seine Richtung. Das konnte kein Zufall sein.

Als sie in der Privatklinik ankamen, trafen sie auf eine fassungslose Sekretärin, die den Tränen nahe war. Warum man etwas von ihm wolle, fragte sie. Und dann noch dazu die Polizei. Und ob er, Jan, nicht erst kürzlich hier vor ihrem Schreibtisch gestanden hätte? Irgendwie käme er ihr bekannt vor.

»Wir müssen jetzt sofort zu Professor Hansson!«, sagte Jan ohne Umschweife und ging auf ihre Anspielungen nicht ein.

»Aber er ist doch nicht da«, jammerte sie. »Und er kommt niemals zu spät. Ich verstehe das nicht ...« Sie schien völlig aufgelöst, weil ihr Tagesablauf außer Kontrolle zu geraten drohte. »Die ersten Patienten warten doch schon ...«

Jan stürmte in das Büro des Professors. Es war tatsächlich leer. Lisa war ihm gefolgt und machte sich sofort an dem PC zu schaffen.

»Er ist nicht mehr da«, sagte sie tonlos, weil sie etwas anderes erwartet hatte.

»Wer ist nicht mehr da?«, fragte Jan, der Krankenakten in einem Schrank mit Hängeordnern durchblätterte, weil er hoffte, die von James Woldering zu finden.

»Der Ordner OFR Zero«, sagte sie enttäuscht. »Er muss ihn gelöscht haben.«

»Ich bin mir sicher, dass die Kollegen in der Technik den wieder herstellen können. Es dauert eben nur ein bisschen.« Er wies einen Beamten an, den PC mitzunehmen und an die Spezialisten mit dem Auftrag zu übergeben, dass es eilte, den besagten Ordner irgendwie auf der Festplatte wieder herzustellen.

»Wir hinken immer ein paar Schritte hinterher«, ärgerte sich Lisa. »Hast du denn bei den Akten mehr Glück?«

»Fehlanzeige«, sagte Jan und schob den Schrank wieder zu. »Er wusste, dass wir kommen werden, deshalb hat er alles verschwinden lassen.«

Auch er ärgerte sich über sein Versagen.

Jan gab an seine Kollegen in der Fahndung eine Beschreibung von Professor Hansson durch und machte die Sache dringend. Und vermutlich sei der Flüchtige auch bewaffnet. Es sei mit allem zu rechnen.

»Was ist denn hier los?«, hörten sie plötzlich eine männliche Stimme im Flur, die verdammt nach Hansson klang.

Lisa riss die Tür auf. Es war der Professor.

Mit einem ratlosen fast harmlos zu nennenden Gesichtsausdruck stand er vor seiner Sekretärin, als die beiden Polizisten aus seinem Büro kamen.

»Was machen Sie da?«, fragte er böse. »Das ist mein Büro, da hat niemand etwas drin zu suchen.«

Sein geschultes Auge sagte ihm sofort, dass es sich bei Lisa um die junge Frau handelte, die ihn kürzlich aus fadenscheinigem Grund aufgesucht hatte. Genauso wie der junge hübsche Mann an ihrer Seite. Sie hatten ihn gelinkt. Er stand im Fadenkreuz. Es war nur noch eine Frage der Zeit, bis die Falle zuschnappte. Er musste ihnen unbedingt zuvorkommen. Zum Glück war er so schlau gewesen, alle Beweise auf seinem Rechner zu löschen, bevor er mit den drei Männern zum See gefahren war. Und auch die Akten waren mit im See verschwunden. Es gab sie einfach nicht mehr. Man würde ihm niemals etwas nachweisen können, wenn er es jetzt geschickt anstellte.

»Herr Hansson, Sie sind vorläufig verhaftet«, sagte Lisa, der das Ganze zu blöd wurde. Sie ging um den Professor herum und forderte ihn auf, die Hände auf den Rücken zu legen. Er tat es ohne Gegenwehr und der Beamte führte ihn ab.

Jan ging die ganze Sache irgendwie zu glatt. Es hatte den Anschein, als habe er schon vorgesorgt und nehme die Verhaftung jetzt billigend in Kauf. Vielleicht gehörte es sogar zu seinem eiskalten Kalkül, dass man ihn hier antraf. Wenn jemand auf der Flucht war, machte er sich immer verdächtig. So allerdings sah es aus, als sei er ein unbescholtener Bürger.

Doch er würde sich nicht von ihm an der Nase herumführen lassen.

»Weißt du was, Lisa, nimm du ihn in die Mangel, ich werde noch einmal bei Ruby vorbeifahren.«

»Das ist eine gute Idee«, pflichtete ihm Lisa bei.

Sie trennten sich und vereinbarten, dass Jan spätestens in zwei Stunden in der Dienststelle sein würde.

Ruby

Jan klingelte und Jenny öffnete ihm mit Bobby auf dem Arm. Er streichelte dem Kater über den Kopf.

»Ihr scheint euch ja wirklich gut zu verstehen«, sagte Jan. Er hatte schon immer einen guten Kontakt zu Menschen gefunden, die Tiere in ihr Herz schlossen.

»Er ist mein bester Freund«, sagte Jenny und Tränen sammelten sich in ihren Augenwinkeln. Psychisch labile Menschen weinten eigentlich immer, nur meistens sah man die Tränen nicht.

»Ist Ruby auch da?«

Jennys Blick verfinsterte sich. Jan wunderte sich, dass Alex gar nicht an die Tür kam.

»Alex ist mit Ruby weggefahren«, sagte Jenny und ihr Gesicht hatte sich verschlossen.

»Weißt du denn, wo sie hingefahren sind?« Jan hoffte, dass sich seine dunkelsten Ahnungen jetzt bitte nicht bestätigen mochten.

Jenny zuckte mit den Schultern. »Keine Ahnung. Interessiert mich auch nicht.« Sie drehte sich um und ließ Jan in der offenen Haustür stehen.

Er lehnte sich an die Hausmauer und rieb über sein Gesicht. Verdammt. Was war, wenn Alex am Ende doch hinter allem steckte und Ruby jetzt etwas antat. Wäre es nicht auch möglich, dass am Ende gar nicht Ruby mit ihrem PC Kontakt zu Jamie hatte, sondern Alex? Es war alles so kompliziert, ja verrückt, bei diesem Fall. Sollte er eine Fahndung nach Alex` Wagen rausgeben?

Er entschloss sich, ihr noch eine Chance einzuräumen und zog sein Handy aus der Tasche. Wenn sie nicht ranging, dann würde er die Fahndung starten.

Doch Alex ging ans Telefon und Jan rutschte das Herz in die Hose.

»Alex, wo bist du?«

»Wie bitte? Wo bist du?«

»Bei dir zuhause und du bist nicht da.«

»Das weiß ich selber. Was willst du denn von mir?«

»Ich wollte Ruby sprechen ... und Jenny sagte, ihr seid zusammen weg.«

In Alex kroch eine Ahnung hoch, die sie einfach nicht fassen konnte. Er traute ihr nicht. Alles, was er bis hierhin Schönes über Vertrauen gesagt hatte, alles war gelogen gewesen. Jedes Wort.

»Wir sind im Einkaufscenter in Aurich, um für Ruby neue Sportschuhe zu kaufen. Wenn du mir nicht glaubst, dann kannst du ja eine Streife losschicken«, sagte sie frostig und legte auf, ohne seine Antwort abzuwarten.

So eine verdammte Scheiße, dachte Jan. Er mochte Alex. Sie war eine ehrliche Haut. Und doch geriet er immer wieder in Situationen, in denen er ihr misstraute. Woran mochte das liegen? Wollte er einfach zu sehr, dass sie ein guter Mensch war, und verbot es sich zugleich?

Matt setzte er sich auf einen Gartenstuhl vor dem Haus und rief bei Lisa an.

»Es wird noch ein bisschen dauern«, sagte er. »Alex ist mit Ruby unterwegs. Ich werde hier auf sie warten, bis sie zurück sind.«

»Ist was passiert?«, fragte Lisa, die seine depressive Stimmung spürte.

»Ach, ich weiß nicht ... lass uns später drüber reden. Bist du schon mit dem Verhör angefangen?«

»Gleich geht`s los. Ich habe eigentlich keinen Bock darauf. Gerade nach der Nummer, die ich da in seinem Büro abgezogen habe, ist mir das Ganze hier fast peinlich«, sagte sie und verzog das Gesicht, was Jan förmlich vor sich sah.

»He, darüber musst du stehen. Er ist das Schwein, nicht du.«

»Ja, du hast recht. Er ist das Schwein. Und das werde ich ihm jetzt beweisen.«

Sie legten auf.

Jan malte Kreise mit seinem Fuß in den Sand. Keiner von den Jugendlichen kam vor die Tür. Es interessierte sie einfach nicht, dass er da draußen saß. Mittlerweile mussten sie ihre PCs zurückbekommen haben. Sicher waren sie wieder in einer Welt unterwegs, die mit dem, was er hier gerade machte, nicht das Geringste zu tun hatte.

Dann endlich fuhr Alex mit dem Wagen vor. Sie stieg mit Ruby aus und Jan hatte das Gefühl, dass sie erwog, einfach an ihm vorbei ins Haus zu gehen. Doch dann schickte sie Ruby rein und setzte sich neben ihn auf einen Stuhl.

»So schlimm?«, fragte sie, als sie ihn so sitzen sah.

»Noch schlimmer«, gab er zu.

»Ich werde Ruby gleich zu dir schicken, dann kannst du dich mit ihr alleine unterhalten.« Sie drückte ihm im Vorbeigehen eine Hand auf die Schulter.

Mit versteinertem Gesicht saß Ruby kurz darauf neben ihm. Es würde schwer werden, dachte Jan. Was hatte sie nur so verbittert werden lassen?

»Was ist denn jetzt?«, fragte Ruby, als ihr die Wartezeit, bis Jan etwas sagte, offensichtlich zu lang wurde.

»Ich möchte dich etwas zu deinem Bruder fragen«, begann er. »Er heißt Jamie, habe ich recht?«

Sie nickte, doch ihr Gesicht verriet nicht die kleinste Spur von Überraschung oder Angst, was jetzt auf sie zukommen könnte.

»Also, wir haben herausgefunden, dass du dir mit Jamie Mails geschrieben hast, als wir deinen Computer untersucht haben.«

»Dürfen Sie das denn überhaupt? In fremden privaten Sachen rumschnüffeln?«, fragte Ruby. Und noch immer gab es keine Emotionen, die ihren Ärger untermauern könnten.

Da stimmt doch was nicht, dachte Jan. Bei aller Liebe, aber irgendwann konnte man sich doch nicht mehr so zusammenreißen und ein versteinertes Gesicht zeigen, selbst wenn man total wütend war. Da musste man schon tot sein, um seine Stimmungen so verstecken zu können.

»Leider mussten wir das tun«, sagte Jan. »Es gibt da eine Gemeinsamkeit, die uns zu Professor Hansson führt. Er ist doch euer behandelnder Arzt?«

Ruby zuckte mit den Schultern. »Na und?«

»Immer sachte, noch sind alles nur Routinefragen. Als Erstes müsste ich wissen, wo ich deinen Bruder finden kann. Ich muss unbedingt mit ihm sprechen.«

»Ich weiß nicht, wo Jamie ist«, sagte Ruby und machte schon Anstalten, wieder ins Haus zu gehen. Für sie schien die Sache damit erledigt.

»Moment, so schnell geht das leider nicht. Was soll das heißen, du weißt nicht, wo Jamie ist? Du hast doch Kontakt zu ihm.«

Ruby ließ sich wieder in den Stuhl fallen. »Aber doch nur per E-Mail«, sagte sie und stöhnte auf.

»Ihr trefft euch nie persönlich?«

»Nein.«

»Ist das nicht ungewöhnlich für ein Geschwisterpaar, dass sie sich niemals direkt treffen?«

»Bei uns ist einiges ungewöhnlich, das wissen Sie doch längst.«

Tja, da hatte sie allerdings recht. Doch wie sollte er jetzt weiter vorgehen? Wenn sie nicht wusste, wo er war, wie konnte sie dann noch weiterhelfen?

»Hör mal Ruby«, fing er von vorne an, »ich kann ja verstehen, dass du deinen Bruder schützen willst, aber ...«

»Sie haben doch überhaupt keine Ahnung«, schrie plötzlich Rubys Stimme, während ihr Gesicht das Gleiche blieb. Sie war vom Stuhl aufgesprungen und trat gegen eine leere Coladose, die mit einem Scheppern gegen die Hauswand flog. Jan sah Alex aus dem Augenwinkel ans

189

Fenster eilen und machte ihr ein Zeichen, dass alles in Ordnung sei.

»Du hast recht, ich habe keine Ahnung. Deshalb bin ich ja auch auf dich und deine Aussage so angewiesen. Willst du uns nicht dabei helfen, den Mörder von den drei Menschen zu finden? Es war auch ein kleiner Junge dabei, der niemandem etwas getan hat.« Es nützte nichts, er musste jetzt auch diese Karte ausspielen. Auch wenn er sich dabei grausam vorkam.

Doch offensichtlich brauchte er sich diesbezüglich keine Sorgen zu machen. Sie verzog keine Miene. Schon wieder nicht. Was musste man eigentlich machen, um sie endlich mal aus der Reserve zu locken?

»Und Sie glauben, dass Hansson alle um die Ecke gebracht hat?«, fragte sie und setzte sich wieder auf den Stuhl.

»Wir haben ihn festgenommen, und versuchen herauszufinden, ob er es war. Du und dein Bruder, ihr wart doch bei ihm in Behandlung«, fuhr Jan fort. Er hatte den Eindruck, dass sie jetzt zugänglicher wurde.

»Wir haben doch dieselbe Krankheit«, sagte sie.

»Ja, sicher habt ihr beide viel mitgemacht.« Eigentlich hatte er jetzt keine Lust auf verkorkste Geschichten aus der Kindheit.

»Leicht war das nicht«, sagte Ruby. »Man hat uns immer die Mumien genannt.«

Mumien? Konnten Eltern wirklich so weit gehen?

»Wer hat euch so genannt?«, hakte er nach.

»Na, die anderen Kinder. Die Lehrer, der Bäcker ... einfach alle.«

Jetzt verstand Jan gar nichts mehr.

»Und wieso ausgerechnet Mumien? Was sollte das? Warum hat man euch so genannt?«

»Na, weil wir nicht lachen können.«

Nicht lachen? Wie meinte sie das? Hatte er da nicht mal irgendwas gelesen, von Menschen, die emotionslos waren. Aber deshalb nahm man doch niemanden aufs Korn und veräppelte ihn den ganzen Tag. Und schon gar nicht Kinder.

»Kannst du das vielleicht erklären, was du damit meinst, dass ihr nicht lachen könnt?«

Ruby sah ihn weiter stur an. Hatte sie jetzt wieder dichtgemacht?

»Sagen Sie jetzt mal was richtig Blödes«, forderte Ruby Jan auf.

Hä? Was wollte sie bloß von ihm? War sie doch verrückter, als er dachte?

Er grübelte kurz. »Okay, dann sage ich jetzt mal, dass Alex in Wirklichkeit ein kleines Schweinchen ist, das bald auf den Mond fliegen wird.« Er war gespannt auf ihre Reaktion.

Doch es kam nichts. Sie sah ihn nur weiter teilnahmslos an.

»Na gut, ich versuche ein anderes Beispiel«, sagte er, »in diesem Jahr kommt der Weihnachtsmann nicht mit einem Schlitten, sondern mit einem Surfbrett, dass er sich bei Donald Duck ausgeliehen hat.«

Wieder nichts.

Verdammt Krömer, du kannst mit Kindern einfach nicht umgehen, grummelte es in ihm. Er kratzte sich am Kopf.

»Lassen Sie es gut sein«, erlöste ihn Ruby. »Genau das meine ich ja. Sie sehen mir nichts an. Keine Reaktion, null und NADA. Ich lache nicht, ich weine nicht, ich gucke nicht böse oder lieb. Verstehen Sie jetzt endlich?«

Jan fiel die Kinnlade runter. Gab es so etwas denn wirklich? Dass jemand keine Reaktionen zeigen konnte? War das eine Krankheit? Und waren gleich beide Geschwister befallen?

»Du willst damit sagen, du und dein Bruder, ihr könnt eure Gefühle nicht im Gesicht zeigen?«, fragte er unsicher.

Ruby nickte. »Toll, dass Sie es auch endlich begriffen haben. Kann ich jetzt reingehen?«

»Moment Moment«, sagte Jan. »Und wegen dieser Sache, also der Krankheit, die ihr beide habt, dein Bruder und du, deswegen wart ihr bei Professor Hansson in Behandlung?«

»Quatsch, da kann man nichts machen. Es war wegen der Mumien. Eh, sowas lässt einen nicht kalt, wenn alle einen den ganzen Tag verarschen. Und das schon, als wir klein waren. Jamie und ich, wir haben uns gut verstanden. Wir hatten ja uns. Wir fanden uns normal.«

Jan konnte jetzt besser damit umgehen, dass sich in ihrem Gesicht nichts regte. Doch er verstand immer noch nicht, was das jetzt alles mit den Morden zu tun haben sollte? Wie war Hansson darin verwickelt? Was versteckte er vor ihnen? Was hatte er schnell von seinem Rechner gelöscht? Warum konnte man seine Privatadresse nicht finden? Und warum war er überhaupt erst später heute Morgen in seiner Praxis aufgetaucht?

»Kann ich jetzt gehen?«, drängelte Ruby, als Jan nichts mehr sagte.

Jan nickte. »Ja, geh ruhig. Ach, eine Frage hätte ich noch ...«

Sie blieb stehen.

»Sag mal, hast du Jennys Katze Kitty aufgehängt?«

»Ja«, sagte sie ohne Regung.

»Und warum?« Jan war erschrocken, auch wenn er schon lange von dieser Tatsache ausging.

»Sie hat mich blöde Fratze genannt. War`s das jetzt?«

Jan nickte.

Er blieb noch eine Weile sitzen, um die neuen Erkenntnisse zu verarbeiten. Dann ging er zum Wagen, um zur Dienststelle zu fahren.

Hansson

Lisa drehte die dritte Runde um den Verhörtisch, doch Hansson mauerte noch immer. Egal, was sie ihm an den Kopf knallte, seine Lippen blieben versiegelt. Das Einzige, was er am Anfang gesagt hatte, war, dass er seinen Anwalt sprechen wolle. Lisa hatte einen Beamten die Nachricht übermitteln lassen.

»Wir haben einen Ordner auf ihrem Rechner, der mit den Buchstaben OFR Zero gekennzeichnet war, gefunden. Können Sie mir sagen, was das zu bedeuten hat?«

Hansson sagte nichts.

»Sie wissen sehr genau, dass ich Ihnen im Moment nichts nachweisen kann, stimmt`s? Denn Sie wissen auch, dass ich die Abkürzung nur gesehen habe, als ich Sie unter falschem Vorwand und einer anderen Identität in ihrer Privatklinik aufgesucht habe. Und wir wissen auch, dass sie diese Datei gelöscht haben, bevor Sie verschwunden sind. Doch ich an ihrer Stelle würde mir das blöde Grinsen, das Sie gerade aufsetzen, verkneifen. Denn unsere Techniker sind in der Lage, alles wieder herzustellen. Selbst Ihre Gedanken werden sie darauf rekonstruieren, verlassen Sie sich drauf.«

Hansson verlor für einen Augenblick die Fassung, dann versteinerte sein Gesicht wieder.

Es hatte keinen Zweck, dachte Lisa. Sie verschwendete ihre Zeit. Sollte er doch mit seinem Anwalt sprechen. Früher oder später würde sie ihn an die Wand nageln.

Sie ging in ihr Büro und legte die Füße auf den Tisch. Sie waren ganz nah dran, das spürte sie. Es war nur eine Frage der Zeit.

Als sie sich einen Kaffee geholt hatte, kam Jan zur Tür herein.

»Nanu, du verhörst ihn gar nicht?«, fragte er als Erstes.

»Er mauert und will seinen Anwalt sprechen. Soll er doch.«

Jan verstand.

»Ich habe mit Ruby gesprochen ...«

Und dann erzählte er Lisa von dem Phänomen, an dem sie und ihr Bruder seit ihrer Geburt litten. Und dass er nicht glaube, dass Ruby irgendetwas mit der Sache zu tun habe. Sie sei vermutlich nur mit reingerutscht, weil Jamie ihr Bruder sei. Und genauso wenig glaube er, dass Alex noch verdächtig sei. Dafür sei sie einfach zu kooperativ gewesen.

Lisa war neugierig und tippte schon etwas in die Suchmaschine ihres PCs.

»Ich hab`s«, rief sie aus. »Die beiden haben das Möbius-Syndrom. Diese Erkrankung sorgt dafür, dass die Menschen keine Mimik haben. Sie können sich darüber nicht ausdrücken. Die Krankheit ist nachdem Psychoanalytiker benannt, der sie 1888 entdeckt hat.«

»Nie davon gehört«, sagte Jan. »Aber es muss schrecklich sein, wenn man sich seiner Welt nicht über die Mimik mitteilen kann.«

»Ja, vor allem, wenn du sauer bist, das Gesicht möchte ich nicht missen«, lachte Lisa. »Doch Scherz beiseite, gerade kleine Kinder drücken doch so viel über ihr Gesicht aus. Wie teilen sie bloß mit, dass sie Schmerzen haben oder Hunger, wenn das nicht funktioniert? Das muss ja wirklich übel sein. Auch für die Eltern.«

»Ja, und es hört niemals auf. Ruby sagte, dass sie und Jamie immer von den anderen Kindern gehänselt und nur die Mumien genannt wurden.«

»Kinder können grausam sein ...«

»Das stimmt.«

»Aber trotzdem verstehe ich diese Morde nicht«, brachte Lisa das Ganze wieder zum Ausgangspunkt zurück. »Nur weil Hansson Jamie behandelt hat, muss Jamie ja nichts mit den Morden zu tun haben.«

»Das stimmt zweifellos«, gab Jan zu. »Es ist nur so erstaunlich, wie klein die Welt manchmal ist, findest du nicht? Da ziehe ich extra nach Tannenhausen raus und dann habe ich wieder die fieseste Mordserie aller Zeiten direkt vor der Tür.«

»Ja, das ist unheimlich. Ich glaube, ich überlege mir das nochmal, ob ich wirklich bei dir einziehen sollte. So, jetzt müsste der Anwalt aber langsam alles mit Hansson besprochen haben, finde ich. Wollen wir mal gucken gehen?«

Jan nickte.

Der Anwalt hatte Hansson gut präpariert. Er antwortete zwar auf die Fragen von Jan und Lisa, doch er sagte im Grunde genommen nichts. Nein, er kenne keine Landstreicher oder Prostituierten, die irgendwo ermordet worden seien. Und von toten Kindern wisse er erst recht nichts. Aber wenn man der Meinung sei, ihm etwas nachweisen zu können, dann würde er die Polizei bitten, die Beweise auf den Tisch zu legen. Im anderen Falle würde er jetzt gerne nach Hause gehen.

Und das war Jans Stichwort.

»Wo ist denn eigentlich Ihr zuhause?«, fragte er und sah Hansson mitten ins Gesicht.

»Das muss ich Ihnen nicht sagen! «

»Oh doch, das müssen Sie sehr wohl. Denn wir haben immer noch nicht den Tatort gefunden, an dem die grausamen Morde verübt wurden. Und da Sie in dringendem Tatverdacht stehen, müssen wir natürlich auch bei Ihnen eine Hausdurchsuchung durchführen.«

Hansson sah zu seinem Anwalt, dieser nickte zustimmend, wenn auch bedauernd, indem er mit den Schultern auf und ab fuhr.

Und so nannte Professor Hansson eine Adresse im Grünen, zu dem Jan sofort ein Einsatzteam lossandte. Er würde mit Lisa nachkommen, wenn das hier vorbei wäre.

»Und dann wäre da noch die Sache mit OFR Zero«, sagte Jan und lehnte sich weit auf dem Tisch vor. »Was hat diese Abkürzung zu bedeuten?«

»Ich weiß nicht, wovon Sie reden«, sagte Hansson und suchte wieder die Bestätigung seines Anwalts, die prompt durch ein zustimmendes Nicken geliefert wurde.

»Tja«, sagte Jan, »es kann ja sein, dass Sie meinen, alle Spuren von Ihrem Rechner gelöscht zu haben, aber sie haben eine dumme Angewohnheit ...« Jan genoss den Moment, in dem der Blick von Hansson in sich zusammenfiel.

»Sie notieren gerne Dinge, so wie man es früher gemacht hat ...«

Automatisch griff Hansson an seine Brust. Offensichtlich war ihm das Fehlen seines Notizbuches bisher noch gar nicht aufgefallen.

»Und für diese Notizen haben sie ein Notizbuch benutzt, das sich jetzt bei uns befindet.«

»Das haben Sie gestohlen!«, brüllte Hansson jetzt in Richtung Lisa. »Das war illegal.« Hilfesuchend sah er zu seinem Anwalt.

»Ich weiß nicht, was Sie meinen«, sagte Lisa. »Wir haben das Notizbuch bei der gerichtlich genehmigten Durchsuchung ihrer Praxis konfisziert.«

»Das ist eine glatte Lüge. Ich werde Sie verklagen.«

Jan sprang vom Stuhl auf und rannte zur Tür.

»Was ist los?«, fragte Lisa erschrocken.

»Ich bin ein Idiot«, sagte Jan, »so ein verdammter Idiot. Wie konnte ich das bloß übersehen?« Mit diesen Worten rannte er aus dem Verhörraum.

Familienausflug

Grete und Dieter Peters hatten das schöne Wetter genutzt und waren mit ihren beiden Kindern Emma und Patrick zum nahegelegenen See gefahren. Noch einmal so richtig Sonne tanken, hatte Grete geschwärmt und einen Picknickkorb gepackt, der sogar für zwei Familien gereicht hätte.

Sie waren eine Bilderbuchfamilie, der es an nichts fehlte. Sogar einen Hund hatten sie, der die Familie zu einer runden Sache machte.

Die Kinder tollten mit dem Hund am Wasserrand herum, während Grete die Decke ausbreitete und das Geschirr aus dem Korb holte, um für sie und ihren Mann einen ersten Kaffee einzuschenken.

Dieter, der auch gerne angelte, warf einen fachmännischen Blick aufs Wasser. »Heute würden die sowieso nicht beißen«, sagte er. »Das Wasser ist viel zu ruhig.«

»Na, dann ist es ja nicht schlimm, dass wir heute hier nur ein Picknick machen«, lachte Grete und holte auch die Frischhaltebox mit den Wurst- und Käsebrötchen heraus.

»Das ist überhaupt nicht schlimm«, sagte Dieter und ging in die Knie neben Grete auf die Decke und drückte ihr einen dicken Kuss auf die Wange. »Du weißt, dass ich gerne mit dir und den Kindern etwas unternehme. Angeln gehen kann ich immer noch. Und frische Luft macht ja bekanntlich ...«

»Nicht vor den Kindern«, flüsterte Grete. Doch sie wusste genau, was Dieter meinte und bekam rote Wangen.

»Kinder, wollt ihr auch schon einen Saft und ein Brötchen essen?«, rief Grete, die gesehen hatte, dass die Kinder sich immer weiter entfernten. Das gefiel ihr nicht. Sie waren mit ihren fünf und sieben Jahren einfach noch zu klein für unbeaufsichtigte Exkursionen. Auch wenn Dieter jetzt sicher nichts dagegen gehabt hätte, ein paar Minuten mit ihr alleine zu sein. Er streichelte über ihren Arm und sie bekam eine Gänsehaut.

»Wir kommen gleich, Mama«, rief Patrick der Ältere von beiden zurück und warf dem Hund erneut ein Stöckchen ins Wasser.

Leo, ein ausgewachsener Labrador, sprang mit Anlauf und landete wieder mit einem dicken Platscher im See.

»Na, so ruhig ist der See dann heute doch wohl nicht«, sagte Grete lachend zu Dieter.

Dann schrie Emma auf.

In Sekundenbruchteilen waren Grete und Dieter bei den Kindern.

»Was ist?«, schrie Grete. »Hast du dir was getan, Emma?«

Das kleine Mädchen stand wie angewurzelt und starrte auf den See, der noch immer in leichten Wellen, durch Leo verursacht, schaukelte.

Der Hund war mittlerweile wieder an Land geschwommen und schüttelte sich.

»Da«, sagte Emma. Und auch Patrick war ganz aufgeregt. »Papa, da ist was«, sagte er.

Dieter befahl seinen Kindern, zurückzugehen und bei ihrer Mutter zu bleiben. Grete drückte die beiden an sich.

Der Vater beugte sich so weit vor, wie es ging. Und dann sah er das Entsetzliche und er hoffte inständig, dass seine Kinder nur einen Bruchteil dessen zu Gesicht bekommen hatten, was jetzt vor ihm im Wasser schwappte. Ein Gesicht, das kaum noch als solches zu erkennen war.

»Ich muss die Polizei rufen, Grete«, sagte er mechanisch. »Pack unsere Sachen ein und geh mit den Kindern zum Wagen. Ich komme bald nach.«

Das Notizbuch

»Wie konnte ich nur so blind gewesen sein«, schimpfte Jan mit sich auf dem Weg zum Büro.

Er riss die Tür auf und rannte zu seinem Schreibtisch. Da lag es. Er schlug es auf, blätterte darin, um sich zu vergewissern. Und tatsächlich. Er hatte recht gehabt.

Mit dem Notizbuch in der Hand ging er seelenruhig in den Verhörraum zurück. Jetzt hatten sie Hansson in der Falle.

»Das kennen Sie ja«, sagte Jan und setzte sich wieder Hansson gegenüber. Lisa sah ihn gespannt an. Sie wusste, dass jetzt was ganz Besonderes passieren würde, wenn Jan so selbstsicher war.

»Natürlich kenne ich das«, antwortete Hansson mürrisch.

»Sie müssen entschuldigen, dass ich so lange gebraucht habe, um Sie zu überführen«, sagte Jan und lächelte, wie nur er lächeln konnte.

Lisa konnte es kaum noch abwarten.

Hansson runzelte die Stirn und seine Augen wurden größer.

»Es ist nämlich so«, sagte Jan, »Sie haben nicht nur den Fehler begangen, die Abkürzung OFR Zero in ihr Notizbuch einzutragen ...«

Jetzt hätte Lisa gerne einen Trommelwirbel gehört.

»Nein, Sie haben diese Abkürzung sogar taggenau eingetragen, an dem die Opfer gefunden wurden.«

Das war es also, was sie übersehen hatte, dachte Lisa und ärgerte sich. Aber sie gab Jan hundert Punkte. Er hatte das Rätsel mal wieder gelöst.

Verdattert sah Hansson von einem zum andern. Hatte ihm seine Akribie jetzt tatsächlich einen Strick um den Hals gelegt?

»Haben Sie dazu nichts zu sagen?«, fragte Lisa, die gemerkt hatte, dass Jan ihr die letzten genüsslichen Brocken hingeworfen hatte, indem er sich zurücklehnte.

»Das müssen Sie mir erst einmal beweisen«, sagte Hansson und spannte seine Schultern an. »Sie wissen doch überhaupt nicht, was diese Abkürzung bedeutet. Vielleicht nehme ich ja ein Medikament ein, das diesen Namen trägt.«

»Tja, vielleicht. Aber dann hätten Sie uns schon viel eher davon erzählen können, finde ich.« Lisa war jetzt die Ruhe in Person.

Hansson geriet ins Schwimmen. Er rutschte auf seinem Stuhl hin und her. Sie hatten doch nur diese Abkürzung, mit der sie nichts anfangen konnten. Und diejenigen, die die grausamen Morde begangen hatten, waren doch in sicherer Tiefe auf einem schlammigen Boden. Für immer vom Wasser verschluckt. Nein, er brauchte sich eigentlich keine Sorgen zu machen, nur weil sie dieses verdammte Notizbuch gestohlen hatten. Er würde nicht in diese Falle tappen. Niemals. Er sah zu seinem Anwalt. »Sie müssen nicht sprechen, wenn Sie dazu nichts zu sagen haben«, sagte dieser dann auch.

Hanssons Lippen blieben also versiegelt.

Okay, dachte Jan, die Trumpfkarte war nun ausgespielt, hatte aber noch nicht perfekt gestochen. Solange sie diesen sogenannten Professor nicht zum Reden brachten, kamen sie nicht weiter. Wie sollten sie jetzt weiter vorgehen? Er machte Lisa ein Zeichen, dass er kurz mit ihr vor die Tür möchte. Sie nickte und sie verließen den Verhörraum.

»Was machen wir jetzt?«, fragte Lisa als Erste.

Jan sah sie mit durchdringendem Blick an. »Vielleicht sollten wir Ruby ins Spiel bringen«, meinte er. »Oder auch Alex ...«

»Hm ... ich glaube, das kannst du vergessen. Alex wird niemals zulassen, dass ihr Schützling da mit hineingezogen wird. Und was sollte das überhaupt bringen? Ruby kann letztlich auch nichts dafür, dass sie diese Krankheit hat.«

»Das ist mir klar. Aber es gibt einen Zusammenhang zwischen ihr und ihrem Bruder zu diesem Hansson. Ich blicke nur noch nicht, was eigentlich dahintersteckt. Was hat Jamie mit den Morden zu tun? Vielleicht sollten wir uns das einmal fragen.«

Lisa lehnte sich an die Wand und streckte ihre Arme in die Höhe. Dann rieb sie ihren Nacken. »Wenn wir bloß wüssten, wo wir Jamie finden können«, sagte sie müde. »Ein Mensch kann doch nicht einfach verschwinden. Warum haben Ruby und Jamie eigentlich unterschiedliche Nachnamen?«

»Das hängt wohl mit irgendwelchen Hochzeiten und Scheidungen zusammen«, sagte Jan, der sich näher mit der Familiengeschichte beschäftigt hatte. »Es gibt doch kaum noch Familien, wo es nicht kracht.«

»Aber sie sind doch richtige Blutsverwandte, oder?«

Jan nickte. »Deshalb haben Sie auch die gleiche krankhafte Veränderung«, sagte er.

»Eben«, sagte Lisa, sie spürte eine weitere Erkenntnis, konnte aber noch nicht so recht sagen, was es war.

»Du meinst«, begann Jan, »gesetzt den Fall, dass Jamie etwas mit den Morden zu tun hat, was wir jetzt einfach mal voraussetzen ... und sein behandelnder Psychiater Professor Hansson ihn behandelt hat ...

dann ...«

»Ja genau. Dann könnten doch die möglichen Mittäter auch Patienten von Hansson gewesen sein«, vollendete Lisa.

»Tja, das ergibt Sinn«, grübelte Jan. »Aber wie genau hilft uns das jetzt weiter?«

»Ich weiß es nicht«, seufzte Lisa. »Er dürfte Hunderte, wenn nicht sogar Tausende Patienten bisher gehabt haben. Wie sollen wir die Stecknadeln im Heuhaufen finden ...«

Ein Kollege kam aufgeregt zu ihnen gerannt. Er stockte kurz, als er die beiden so schlapp an die Wand lehnen sah.

»Seid ihr nicht im Verhör?«, fragte er verdutzt.

»Doch wir sind mittendrin, sieht man das nicht?«, fragte Lisa lachend und blickte dem Kollegen freundlich entgegen.

»Es ist was passiert, das ihr wissen solltet«, sagte der Kollege, der immer noch außer Atem schien.

Jetzt spitzte auch Jan die Ohren.

»Man hat eine Leiche gefunden ...«, sagte der Kollege. »Draußen am Großen Meer.«

Jan und Lisa erinnerten sich sofort an ihren ersten gemeinsamen Fall, wo sie genau dort zusammen ermittelt hatten.

»Wir könnten hinfahren«, sagte Lisa, »das Verhör können wir auch später fortsetzen.«

Kurz darauf saß sie bereits mit Jan im Wagen Richtung Bedekaspel.

Das Gelände ums Große Meer war schon großzügig abgesperrt. Jan fiel als Erstes eine Frau auf, die ihre beiden Kinder schützend an sich drückte. Er tippte sofort darauf, dass sie den Toten entdeckt hatten. Er lief zu ihr herüber. Sie lehnte an einem dunkelblauen Familienauto.

»Guten Tag, Jan Krömer«, sagte er. »Ich bin von der Polizei.«

Sofort zuckte die Frau zusammen. »Grete Peters«, sagte sie. »Mein Mann und ich ... die Kinder, wir wollten doch nur ein Picknick machen. Es war doch so ein schöner Tag.« Sie zitterte. Ihre beiden Kinder sahen Jan aufmerksam an.

»Das kann ich verstehen«, sagte er. »Wer genau hat denn ... also ...«

»Das war ich«, meldete sich eine zaghafte Stimme. »Das ist meine Tochter Emma«, erklärte Grete Peters.

Man sah ihren Augen an, dass sie ihrem Kind das mehr als gerne erspart hätte.

Lisa besah sich das Szenario aus einiger Entfernung. Dass Jan aber auch immer ins Schwarze traf.

»Wo ist denn Ihr Mann?«, fragte Jan.

»Er wird wohl noch verhört«, sagte sie. »Er hat gesagt, ich soll hier mit den Kindern auf ihn warten.«

»Das ist in Ordnung«, beruhigte Jan. »Er wird sicher gleich hier sein und sich um Sie und die Kinder kümmern.«

Er nickte ihr noch einmal zu und ging dann wieder zu Lisa.

»Sie haben die Leiche entdeckt?«, fragte Lisa.

Jan nickte. »Ausgerechnet das kleine Mädchen ...«

»Scheiße.«

Sie gingen in die Richtung, wo ein ganzes Einsatzteam mit der Spurensicherung beschäftigt war.

Ein Kollege winkte in die Richtung, wo der Tote lag.

Jan und Lisa beugten sich weit vor, um über die Grasbüschel zu sehen. Der Tote war an die Uferböschung gezogen worden.

»Denkst du das Gleiche wie ich?«, fragte Lisa.

»Ich glaube wohl«, antwortete Jan. »Es ist ein junger Mann, er dürfte in Jamies Alter sein.«

»Vielleicht finden wir noch mehr Leichen, wenn wir den See absuchen lassen«, sagte Lisa matt.

»Wahrscheinlich hast du recht«, stimmte Jan zu und wies einen Kollegen an, Taucher anzufordern.

Zwei Stunden später hatten sie Gewissheit. Im Gras lagen jetzt drei junge tote Männer. Sie waren aus nächster Nähe erschossen worden. Dann waren sie in Jutesäcke gewickelt und mit großen Steinen beschwert worden. Jan und Lisa hatten keinerlei Zweifel mehr, dass es sich um die brutalen Mörder des Landstreichers, der Prostituierten und dem kleinen Jungen handelte. Aber was hatte sie zu diesen grausamen Taten veranlasst? Der Schlüssel zu allem musste Professor Hansson sein.

Die Schlinge um seinen Hals

Auf der Fahrt zur Dienststelle schwiegen beide. Sie mussten Hansson jetzt überführen. Jetzt oder nie.

Lisa sah in die Landschaft, die an ihr vorbeihuschte. Sie mochte den Herbst. Es waren die Farben der Trauer, sagte sie immer. Und irgendwo dazwischen blitzte immer ein fröhliches Gelb oder Orange auf. Der Herbst gab ihr mehr Wärme als der Sommer. Doch dieser Herbst, den sie jetzt erlebte, war kalt. So viel sinnlose Brutalität. Wurden die Menschen immer rücksichtsloser und unberechenbarer? Es genügte heutzutage nicht mehr, die Tür hinter sich abzuschließen. Wenn jemand wollte, dann kam er überall rein und machte es auch.

»Woran denkst du?«, fragte Jan plötzlich und Lisa schrak zusammen. »Ganz schön weit weg, oder?«

Lisa nickte stumm.

»Wir werden ihn kriegen«, sagte Jan, »verlass dich drauf.«

»Ich weiß, dass du das kannst«, sagte sie.

»Wir können es«, verbesserte Jan und fuhr schweigend weiter.

Hansson wurde wieder in den Verhörraum geführt.

»Wir haben drei Leichen im Großen Meer entdeckt«, eröffnete Jan ohne Umschweife. »Sicher kennen Sie die drei jungen Männer.«

Er legte drei Fotos der Opfer auf den Tisch, die er mit seinem Handy gemacht und vor dem Verhör am PC ausgedruckt hatte.

Während Hansson die Gesichter musterte, ließ Jan ihn nicht aus den Augen. Er war ein verdammt guter Schauspieler. Nichts deutete darauf hin, dass er sie wiedererkannte. Nicht mal ein kleines Zucken um die Augenwinkel verriet ihn. Als Psychiater mit langer Berufserfahrung wusste er nur zu gut, wie man Gefühle verbarg. Und dann hatte er sich offensichtlich mit Menschen beschäftigt, die ihre Gefühle gar nicht verbergen mussten, weil sie nicht in der Lage waren, welche zu zeigen. Jedenfalls, was das Gesicht und die Mimik betraf.

»Und?«, fragte Lisa, »kommt Ihnen einer der Drei bekannt vor?«

Hansson blieb stumm.

»Hören Sie, wir wissen, dass es Ihre Patienten waren«, sagte Lisa ungeduldig. »Es ist nur eine Frage der Zeit, bis wir es beweisen können. Reden Sie einfach, damit wir weiterkommen.«

Jan sah, dass es in Hansson arbeitete. Was genau wog er ab? Dass er zugeben konnte, sie zu kennen? Oder vielleicht, dass sie bei ihm in Therapie gewesen waren?

Warum war es eigentlich so verdammt schwer, herauszufinden, wer sie waren? Die Adresse von Jamie wussten sie immer noch nicht. Woran lag das nur?

Hansson räusperte sich. Er war zu einem Ergebnis gekommen.

»Ja es stimmt«, sagte er, »diese drei jungen Männer waren bei mir in Behandlung.«

Na endlich.

»Und weswegen?«, fragte Lisa.

»Es ging um verschiedene Schwierigkeiten. Doch meine ärztliche Schweigepflicht verbietet es mir natürlich, darüber in Einzelheiten zu sprechen.«

Das könnte dir so passen.

»Die Schweigepflicht können sie wieder in ihr Arztköfferchen packen«, sagte Lisa. »Diese drei jungen Männer sind tot und Sie werden verdächtigt, Sie ermordet zu haben. Da ist Schluss mit Schweigepflicht.«

Der Anwalt war bereits gegangen, sonst hätte er in diesem Moment sicher in Lisas Richtung genickt.

»Es bleibt ja sicher hier im Raum«, setzte Hansson verschwörerisch an, »da kann ich vielleicht eine Ausnahme machen.«

»Oh, ja wir bitten darum.«

»Es ging um das Möbius-Syndrom«, sagte er und faltete die Hände auf dem Tisch, als hielte er einen Vortrag. »Diese drei jungen Männer litten darunter. Und das darf man gerne wörtlich nehmen.«

»Wir haben von dieser Krankheit gehört«, sagte Jan. »Die Schwester des einen Opfers, Ruby heißt sie, und Sie kennen sie auch, litt ebenfalls darunter.«

»Na, dann brauche ich Ihnen ja nichts mehr zu erzählen«, sagte Hansson und lehnte sich wieder zurück und legte seine Hände auf seinen Bauch.

»Doch, wir hätten schon gerne noch etwas mehr gehört«, sagte Jan. »Nämlich, warum diese drei jungen Männer einen Landstreicher, eine Prostituierte und sogar einen kleinen jungen auf bestialische Weise ermordet haben.«

»Woher soll ich denn das wissen?«, fragte Hansson mit gespielter Empörung.

»Sie waren doch Ihre Patienten, da sollten Sie so etwas doch wissen.«

»Hören Sie«, jetzt holte Hansson den Missverstandenen hervor. »Da muss ein großer Irrtum vorliegen. Eigentlich müsste ich nicht hier sein, wenn wir das endlich aufklären könnten. Ja, es stimmt, diese jungen Männer und noch viele andere Patienten übrigens auch, waren bei mir in Therapie. Doch mehr weiß ich über alles, was diese jungen Männer in ihrer Freizeit gemacht haben, leider nicht.«

»Und was hat es mit der Abkürzung OFR Zero auf sich?«, fragte Lisa und hielt Hansson wieder das Notizbuch vor die Nase. »Sie vergessen wohl, dass die Daten der Entdeckung der Opfer mit den Eintragungen von Ihnen übereinstimmen.«

»Ich sagte schon, dass das etwas Medizinisches ist«, wehrte Hansson ab. »Das hat nichts mit Ihren Morden zu tun. Bitte ziehen Sie mich nicht da mit hinein, sondern konzentrieren Sie sich lieber auf den eigentlichen Täter.«

Das war eine interessante Bemerkung, dachte Jan. Wieso bezog er den Täter auf eine Einzahl, wenn es doch die drei jungen Männer gewesen waren, die die Opfer ermordet hatten? Hatte er sich damit vielleicht schon in eine Falle begeben, ohne es zu wollen?

»Wieso sprechen Sie von einer einzelnen Person, die als Täter infrage kommt?«, hakte Jan entsprechend nach.

Für einen Moment verlor Hansson die Kontrolle über seine Hände und fuchtelte wild damit in der Luft herum.

»Was weiß ich denn, was ich noch sage. Sie machen mich ja völlig verrückt mit ihrer ganzen Fragerei. Ich möchte jetzt endlich nach Hause gehen, ich habe nichts getan.«

Noch bevor Jan oder Lisa etwas sagen konnten, ging die Tür des Verhörraums auf und ein Kollege steckte seinen Kopf herein. Er machte den beiden ein Zeichen, dass es dringend wäre und sie herauskommen sollten.

»Das müsst ihr euch angucken«, sagte er nur und lief voraus in den Technikraum.

»Sag nicht, ihr habt die Dateien an Hanssons PC wieder hergestellt?«, sagte Lisa halb fragend und auch flehend.

»Und ob«, triumphierte der Kollege und schnipste mit seinen Fingern.

»Na, so einfach war das sicher nicht«, sagte Jan, »aber echt klasse. Ist denn was Brauchbares für uns dabei?«

»Klaro, sonst hätte ich euch nicht geholt.« Der Kollege warf seinen Zopf nach hinten und setzte sich an den Rechner. Jan und Lisa standen hinter ihm, als der Bildschirm hell wurde. Dann tippte der Kollege mit der

Maus auf einen Ordner mit der Beschriftung OFR Zero auf dem Desktop.

»Wahnsinn, was man heutzutage alles technisch hinkriegt«, lobte Lisa und meinte es ehrlich.

»Es wird noch besser«, lachte der Kollege.

In einem neuen Fenster sahen sie jetzt allerhand Dateien, die nach Videofilmen aussahen.

»Er hat Filme unter dem Decknamen abgespeichert«, sagte Jan und seine Stimme wurde dunkel. Meistens bedeuteten gelöschte Videofilmchen nichts Gutes. Und auch in diesem Fall war es so.

Als der Kollege den ersten Film anklickte, sahen sie zunächst nur dunkle Gestalten, die in einem ebenso dunklen Raum herumhuschten.

»Also, ich will euch nur warnen, das wird hart ... vielleicht reicht es auch, wenn sich das nur einer von euch anguckt.« Er sah dabei zu Lisa und sie war ihm dankbar für seine Warnung.

»Schon gut«, sagte sie, »wenn es mir zu viel wird, dann gehe ich.«

Niemand in diesem Raum ging davon aus, dass Jan schreckliche Dinge nicht ertragen könnte. Und er fragte sich, wie es jemals zu diesem Eindruck hatte kommen können.

Dann tauchten das erste Mal Gesichter in dem Film auf. Es waren Gesichter von jungen Männern. Sie hantierten mit irgendetwas herum. Dann schoben sie Gegenstände hin und her. Und dann zogen sie einen Menschen an Armen und Beinen in den Blickwinkel der Kamera. Dieser Mensch lebte noch.

»Der Landstreicher«, sagte Lisa und man spürte ihrer Stimme an, dass sie sich fragte, wie viel von diesem Film sie noch zu sehen gewillt war.

Als die Täter schließlich das erste Mal mit dem Messer am Auge ansetzten, lief sie raus.

Es stimmte, Jan hielt durch. Doch das war nur die halbe Wahrheit.

»Das war nur der eine Film. Willst du den mit der Frau auch noch sehen und dann das Kind ...?« Der Kollege hatte offensichtlich alles gesehen.

Ist er abgehärteter als ich?, fragte sich Jan. Hält er das Ganze hier für so eine Art Splatterfilm, wo grausame Dinge nur gestellt sind? Und das wiederum setzte voraus, dass er sich sowas schon so oft angesehen hatte, dass ihn diese Aufnahmen nicht mehr schockierten. Was war nur mit dieser Welt los?

»Ja, mach ruhig weiter«, sagte Jan in ruhigem Ton. Und als der nächste Film startete, beobachtete er mehr den Kollegen denn die grausame Tat, die an der Prostituierten verübt worden war.

Als er auch den dritten Film gesehen hatte, fühlte Jan sich leer.

Er ging auf den Flur, um nach Lisa zu suchen. Sie war in ihr Büro gegangen und trank einen Kaffee. Auch für ihn hatte sie einen besorgt.

»Danke«, sagte er nur und wärmte seine Hände daran.

Sie redeten nicht, bis sie wieder gemeinsam in den Verhörraum gingen.

Hansson wirkte schweißgebadet, als sie die Tür hinter schlossen.

»Unsere Kollegen leisten gute Arbeit«, sagte Jan, »hatte ich das schon erwähnt?«

Hansson glotzte.

»Sie haben es tatsächlich geschafft, die gelöschten Dateien auf ihrem PC wieder herzustellen. Was sagen Sie, sind unsere Kollegen nicht ihr Geld wert? Da zahlt man doch gerne Steuern für unseren Polizeiapparat. Also ich finde, das ist doch mal einen Applaus wert.«

Hansson glotzte immer noch. Er wirkte wie betäubt.

»Ich habe mir nur den ersten Film ansehen können«, sagte Lisa, »und das auch noch nicht einmal ganz. Und dazu stehe ich. Es war einfach zu grausam für mich.«

Hansson sagte nichts.

»Wie um Himmels willen waren Sie also in der Lage, sich alle Filme immer und immer wieder anzusehen? Denn auch das haben wir an Ihrem Rechner feststellen können, wissen Sie. Das ist schon ein starkes Stück, muss ich sagen. Und wenn ich Sie mir so anschaue, dann hätte ich mir das nicht vorstellen können.«

Hanssons Mundwinkel hingen nach unten. Sein Mund klappte auf.

»Es wäre besser, wenn Sie uns jetzt sagen, wie die Zusammenhänge sind«, schlug Jan vor. »Sicher erwarten Sie auch von den Patienten in den Therapiestunden, dass Sie ihnen nicht die Zeit stehlen. Und in unserem Job verhält es sich eigentlich ähnlich. Denn es laufen leider jede Menge solcher Schweine wie Sie herum, so dass wir jede Menge zu tun haben.«

Jan lehnte sich zurück. Er war müde. Das sollte hier endlich vorbei sein.

Plötzlich war es totenstill im Raum und man hörte sogar die große Bahnhofsuhr, die die Sekunden herunterklackte.

Hansson brach der Schweiß erneut aus.

»Es ist nicht so, wie Sie denken«, sagte er schließlich, »es sollte eigentlich niemand sterben.«

Jan und Lisa sagten nichts. Vielleicht war das genau die Methode, wie man einen erfahrenen Psychiater weichkochte, der sich immer an dem Elend anderer geweidet hatte.

»Ich wollte doch etwas Gutes tun für die Menschheit«, fuhr Hansson fort. »Denken Sie nicht, dass mir das Ganze leichtgefallen ist. Aber ... man muss doch auch weiterkommen in der Medizin.«

Jan und Lisa schwiegen weiter. Sie hatten beide die Nase voll.

»Wenn mein Experiment gelungen wäre, dann wäre das für die Menschheit und alle, die an dieser Krankheit leiden, ein großer Fortschritt gewesen.«

Hätte sie einen Eimer gehabt, dann hätte Lisa sich jetzt übergeben, als das Bild des kleinen Jungen vor ihrem inneren Auge vorbeiflimmerte. Er glaubte doch tatsächlich, ein gutes Werk getan zu haben. Das war nicht gespielt von ihm.

»Spannen Sie uns nicht länger auf die Folter«, sagte Jan schließlich, der Lisas Zustand spürte. »Gestehen Sie endlich die Anstiftung zum Mord und dann die Ermordung dieser drei jungen Männer. Und wenn Sie noch mehr auf dem Kerbholz haben, von mir aus auch das.«

Hansson sah verdutzt aus. Diese unkonventionelle Verhörmethode brachte ihn offensichtlich aus dem Konzept. Und zwar mit Erfolg.

Denn eines wusste Jan mit Sicherheit. Die Täter wollten reden. Alle wollten sie das. Irgendwann wollten sie mit ihren Taten angeben.

Und dann redete Hansson endlich, ohne wieder aufzuhören.

Alles sei so nicht geplant gewesen. Er sei ein angesehener Experte auf seinem Gebiet. Auf vielen Kongressen habe er über die Psychiatrie und ihre große Bedeutung für die Gesellschaft referiert. Nein, er sei nie einer von denen gewesen, die auf große Preise hoffen durften. Er wusste es und war zufrieden damit. Was hätte er auch entdecken sollen? Er hatte ein erfülltes Leben, sein Ehrgeiz zu Höherem hielt sich im Rahmen.

Und dann seien eines Tages Jamie und Ruby zu ihm in die Sprechstunde gekommen. Sicher, er hatte von diesem seltenen Phänomen gehört, durch das diese jungen Menschen gebeutelt und gezeichnet fürs Leben waren.

Man las sehr viel als Mediziner. Und da die Krankheit so selten war, blieb es in der Theorie ein interessanter Aspekt.

Und dann geschah es ausgerechnet ihm, dass ein Geschwisterpaar mit diesem Leiden vor ihm stand. Hätte er sie wegschicken sollen?

Diesen Gedanken habe er nie gehabt. Es sei ein Wink des Schicksals gewesen, im Nachhinein betrachtet. Irgendjemand schien doch Größeres mit ihm vorzuhaben, redete er sich ein.

Stunde um Stunde unterhielt er sich mit Jamie und Ruby, bis sie ihr ganzes Leben vor ihm ausgebreitet hatten. Sie erwarteten nicht, dass er sie heilte, denn diese Möglichkeit gab es einfach nicht. Doch sie brauchten Hilfe, um auch die nächsten Jahre ihres Lebens zu überstehen. Denn gerade jetzt, wo sie erwachsen wurden, holten sie die Schmerzen aus der Kindheit, die ihnen durch zahlreiche Hänseleien und sogar körperliche Folter wegen ihres Andersseins, zugefügt worden waren, ein. Sie wollten lernen, zu vergessen, um nach vorne schauen zu können. Doch helfen konnte Hansson dabei eigentlich nicht, auch wenn er in den Sitzungen natürlich den Anschein erweckte.

Ihn hatte ein ganz anderes Interesse gepackt. Was war, wenn er der erste Mediziner in Deutschland, ja vielleicht sogar weltweit wurde, der dieser heimtückischen Erkrankung ein Bein stellte. Wenn er, Gustav Hansson es

224

schaffte, ein Gegenmittel zu finden. Eine Heilung, die um die Welt ging.

In den nächsten Sitzungen hörte er kaum noch hin, wenn sie erzählten, und schmiedete immer weiter an seinen Plänen.

Zunächst einmal musste er dafür sorgen, dass die Geschwister aus der geschlossenen Anstalt kamen, in der sie gelandet waren, weil man sie wegen ihres aggressiven Verhaltens nicht mehr in den Griff bekam.

Also steckte er Ruby in eine Wohngruppe für schwierige Jugendliche und Jamie? Ja, mit Jamie hatte er ganz andere Pläne. Er war als junger Mann ideal zu Forschungszwecken zu gebrauchen. Denn wenn man ein Gegenmittel suchte, dann musste man doch genau wissen, wogegen es eigentlich eingesetzt werden sollte.

Und so landete Jamie in seinem Privathaus im Keller, der alles andere als ein Keller war. Die insgesamt vier Räume hätten mit jeder Wohnung in der gehobenen Klasse mithalten können. Hansson hatte hier bisher seine Damen eingeladen, die ihm vergnügliche Stunden bereiteten. Das ging doch seine Haushälterin nichts an. Und sie wusste auch nichts von den schalldichten Räumen.

Am Anfang war Jamie froh, nicht mehr in der Anstalt eingesperrt zu sein. Die Wohnung war hell und freundlich. Er genoss die Freiheit, tun und lassen zu können, was er wollte. Doch irgendwann merkte er, dass er gar nicht frei war, sondern dass er hier in genauso einem Gefängnis lebte, denn er durfte natürlich niemals raus. Nur in der Nacht, wenn alles dunkel war, unternahm Hansson hin und wieder einen kurzen Spaziergang mit ihm unter freiem Himmel.

Jamie reichte das bald nicht mehr. Er war einsamer denn je. Er war allein. Natürlich durfte seine Schwester ihn nicht besuchen. Es durfte ja niemand wissen, wo ihr Bruder sich aufhielt.

Hansson suchte verzweifelt nach einer Lösung. Er hatte überall Kameras installiert, um Jamies Verhalten zu studieren. Und immer öfter rührte Jamie sich gar nicht mehr, sondern blieb einfach im Bett liegen. Das konnte so nicht weitergehen.

Dann eines Tages kam Hansson eine Idee. Wer sagte denn, dass er nur einen Patienten mit dem Möbius-Syndrom studieren könnte? Vielleicht war es sogar viel interessanter, gleich mehrere und mit sogar verschiedenen Ausprägungen unter seine Fittiche zu nehmen.

Also suchte er sich zwei weitere Patienten in andern Kliniken, die unter dem gleichen Symptom litten, und fingierte eine Verlegung in die geschlossene Abteilung in seiner Nähe und ließ die beiden, die er gefunden hatte, auch bald in seinem Keller verschwinden. Er war erstaunt gewesen, wie einfach es war, Menschen einfach verschwinden zu lassen. Niemand hinterfragte, was ein Professor tat. Einfach niemand.

Und so waren bald drei Patienten dort, und es kehrte tatsächlich Leben ein. Sie hatten Fernseher, PCs und Spielekonsolen. Sie sahen sich Pornos oder die brutalsten Kampf- und Killerfilme an. Hansson schaffte alles heran, was in irgendeiner Weise Gefühlsregungen hervorrufen könnte. Und sie wurden aktiv in den verschiedensten Formen und Ausprägungen von Bewegung und Lauten. Doch eines änderte sich dabei nie. Ihr Gesichtsausdruck. Ihre Gesichter waren wie eingefroren. Wie weit musste er gehen?

Nachdem Hansson glaubte, wirklich alles versucht zu haben, was ihre Mimik in Schwingungen bringen könnte, saß er eines Abends erschöpft in seinem großen Sessel und schaltete die Kameras in dem Keller ab. Der Traum einer glänzenden Professorenkarriere, oder gar der Nobelpreis, schienen ausgeträumt. Doch was sollte er jetzt mit den drei jungen Männern in seinem Keller machen? Er konnte sie doch nicht ewig da unten halten, als seien sie Tiere. Und verhungern lassen? Dieser Gedanke ging nur für den

Bruchteil einer Sekunde durch seinen Kopf und er fragte sich hinterher, ob er vielleicht verrückt geworden sei. Als die Schrecksekunde nachgelassen hatte, kam ihm eine andere Idee. Und diese war an Grausamkeit kaum zu überbieten.

Das Ganze hatte mit dem Tod einer Straßenkatze angefangen. Sozusagen zu Übungszwecken. Das Tier litt lange. Die Geräusche im Kampf gegen den Tod waren kaum zu ertragen. Hansson zeichnete alles mit seiner Kamera auf. Er hatte schon vieles erlebt, aber das, was diese drei jungen Männer da unten in seinem Keller mit dem Tier trieben, das machte am Anfang selbst ihm Angst.

Doch in ihren Gesichtern passierte nichts.

Er kämpfte lange mit sich, bis er das, was so langsam in seinem Unterbewusstsein hochgekrochen war, ans Tageslicht ließ. Das konnte man doch nicht tun? Oder doch? Tiere waren doch schon grausam genug. Sollten es am Ende jetzt sogar Menschen sein? Leute von der Straße, irgendwer? Jemand, den niemand vermisste? Wäre es um den überhaupt schade?

Und dann kam wieder sein altes Ego durch, das immer noch im Keller lauerte. Es war doch für eine gute Sache. Würde man eines Tages durch seinen Forschergeist den vielen Jamies und Rubys helfen können, dann würden sich die Opfer doch gelohnt haben. Er redete es sich so lange ein, bis seine letzten Skrupel einpackten.

Aber natürlich war es indiskutabel, dass die Opfer hier zu ihm ins Haus in den Keller kamen. Das war völlig ausgeschlossen.

Also mietete er eine alte heruntergekommene geschlossene Tankstelle. Eines Abends, als er aus der Klinik kam, war sie in sein Gesichtsfeld geraten. Er fuhr schon viele Jahre diese Strecke zu seiner Arbeit, aber noch nie war sie ihm vorher aufgefallen. Also war sie doch ideal für seine Zwecke. Wenn er sie nicht sah, dann würde es anderen auch so gehen, und sie würden einfach daran vorbeifahren, ohne zu registrieren, dass es sie überhaupt gab.

Jamie und die anderen beiden jungen Männer zogen nach drei Wochen in die Tankstelle ein. Hansson wunderte sich, wie leicht es gewesen war, ihnen von seinem Plan zu berichten. Wenn er erwartet hatte, dass sie abwehrend die Hände über den Kopf schlagen würden, dann wurde er enttäuscht. Vielleicht hatten sie selber schon so sehr gelitten in ihrem Leben, dass ihnen anderes Leben nichts mehr bedeutete. Er hatte auch keine Lust mehr, darüber nachzudenken. Der Plan war gefasst, also wurde er jetzt auch in die Tat umgesetzt. Er nannte es sein großes Experiment. Seine OperationFireRing Zero und die Abkürzung OFR Zero war geboren. Er verliebte sich in die Vorstellung, dass diese paar Zeichen irgendwann um die Welt gehen würden.

Als Gegenleistung für ihre Experimentierfreude musste Hansson ihnen nur eines geben. Sie wollten kein Geld, keine teuren Klamotten oder noch mehr Computerspiele. Sie wollten einfach nur ein paar Stunden Freiheit am Tag. Das ließ sich einrichten und sie bekamen von zwei bis vier Uhr in der Nacht Ausgang. Er wollte nicht wissen, was sie dann taten. Und wie der Zufall es wollte, kehrten sie eines Tages mit einem Landstreicher zurück, den sie auf einer Parkbank schlafend gefunden hatten.

Hansson gab ihnen eine Aufgabe und alles wurde im Film festgehalten. Der langsame Tod des Landstreichers war grausam. Aber nicht mal, als sie ihm Augen und Zunge rausrissen, zeigten sie etwas, was man Gefühle hätte nennen können. Sie waren Tiere, dachte er mit Abscheu. Und als solche würde er sie in Zukunft auch behandeln.

Lisa saß geschockt da. Während Hansson erzählt hatte, war sie auf ihrem Stuhl immer kleiner geworden.

»War es das wirklich wert?«, fragte sie lakonisch. »Hätten Sie immer weiter gemordet, wenn wir sie nicht geschnappt hätten? Und das alles nur für ein kleines Lächeln in einem kalten Gesicht?«

Hansson antwortete nicht. In seinem Blick wechselten sich Erschöpfung und das erste Mal Selbstzweifel ab.

»Ich denke, wir sind für heute fertig«, sagte Jan.

Sie verließen den Vernörraum und ließen Hansson abführen.

Gelöst und doch nicht frei

»Dieser Fall wird mich noch lange bis in meine Träume verfolgen«, sagte Lisa, als sie am nächsten Morgen aufwachte. Sie war mit zu Jan gefahren und sie hatten beide auf den Sofas in seiner großen Küche geschlafen.

Chief hatte instinktiv gespürt, dass sie beide Wärme brauchten, und war die Nacht über immer wieder von einem Sofa zum anderen gewechselt.

»Ich mach uns mal einen Kaffee«, sagte Jan und kroch unter seiner Decke hervor. Als die Maschine durchlief, ging er ins Bad und stellte sich unter die warme Dusche. Noch nie war ihm so kalt gewesen.

Sie saßen lange schweigend am Tisch, als die ersten Strahlen der Herbstsonne in den Raum fielen.

»Es ist schön hier bei dir«, sagte Lisa. »Ich könnte den ganzen Tag hier sitzen und mir einfach nur das Lichtspiel der Sonne auf deinem Holzfußboden ansehen.«

»Ja«, sagte er leise, »das hatte ich eigentlich auch vorgehabt, als ich das Haus gekauft habe. Aber es fühlt sich jetzt nicht mehr richtig an.«

»Ich weiß, was du meinst«, sagte Lisa. »Du bist hier nicht mehr frei.«

Als sie nicht mehr am Tisch sitzen mochten, krochen sie zusammen auf ein Sofa unter ihre Decken. Chief quetschte sich in der Mitte dazu. Das war das erste Mal, dass Lisa wieder lachte.

»Der Hund ist eindeutig zu fett«, sagte sie und drückte ihn zu Jan rüber.

»Ich habe noch nicht gehört, dass ein Hund einen BMI hat«, erwiderte er lächelnd. »Eigentlich sollte man jeden so lassen, wie er ist. Dann wäre die Welt vielleicht ein bisschen friedlicher.«

Lisa blieb noch lange bei ihm auf dem Hof. Am Ende waren es sogar Wochen, ohne dass sie es gemerkt hätten.

»Du musst sagen, wenn ich dir auf die Nerven gehe«, sagte Lisa eines Morgens, als keine Milch mehr im Haus war.

»Lisa, du kannst bleiben, solange du willst«, sagte Jan, »das weißt du doch.« Er ahnte, warum sie es nicht schaffte, wieder in ihre Wohnung zu gehen. Sie war allein. Im Gegensatz zu ihm war sie nicht in der Lage, diesen Zustand zu genießen mit einer oder zwei Rotweinflaschen, sondern sie war einsam. Und vielleicht hatte die Zeit bei ihm im Haus alles noch schlimmer gemacht.

»Aber das kann ja nicht auf Dauer so weitergehen ...«, sagte sie und sah betreten aus dem Fenster.

Er griff nach ihrer Hand.

»Und Katrin?«, fragte sie in die Stille hinein.

»Sie wird das verstehen.«

»Sie ist eine wunderbare Frau, die alles versteht«, entgegnete Lisa.

»Vielleicht ist sie die erste Frau, die mich versteht«, sagte Jan, »neben dir meine ich.«

Es dauerte einen Moment, dann platzten beide aus. Es tat so gut, dass die Tränen liefen.

»Sind wir eigentlich verrückt?«, fragte Lisa und wischte sich mit dem Handrücken übers Gesicht.

»Ich hoffe es«, erwiderte Jan. »Sonst könnten wir das alles gar nicht aushalten.«

Es wurde ein schöner Herbst mit goldenen Farben. Der Wald um Jan herum wurde von einer fliehenden Hand, die alle Blätter einsammelte, in ein von Ruhe dominiertes Wesen verzaubert. Und auch, als der erste Schnee fiel, war Lisa immer noch da.

ENDE

Zur Autorin

Moa Graven: »Ich habe erst mit fünfzig meine Leidenschaft für das subtile Verbrechen entdeckt.«

Als gebürtige Ostfriesin kam Moa Graven durch Umwege über den Journalismus selber zum Krimi-Schreiben. Das war im Jahr 2013, als sie ihren ersten Krimi »Mörderischer Kaufrausch« mit Ermittler Jochen Guntram als Fortsetzung in einem Monatsmagazin veröffentlichte. Seither hat sie viele Leichen in Ostfriesland hinterlassen. Sie arbeitet mittlerweile an drei Krimi-Reihen in Ostfriesland mit Kommissar Guntram in Leer, Jan Krömer in Aurich und Eva Sturm auf Langeoog! Und seit August 2016 kam eine Friesland Krimi-Reihe mit Joachim Stein hinzu, den man nur »Der Adler« nennt.

Besuchen Sie die Autorin gerne auch hier: www.moa-graven.de.

Die Krimi-Reihen von Moa Graven

Profiler Jan Krömer Krimi-Reihe

»KillerFEE«" – Band 01
»Todesspiel am Großen Meer« – Band 02
»Kneipenkinder« – Band 03
»Fallensteller« - Band 04
»Flächenbrand« – Band 05
»Blindgänger« - Band 06

Kommissar Guntram Krimi-Reihe

»*Mörderischer Kaufrausch*« - Band 01
»*Mord im Gebüsch*« - Band 02
»*Mordsgeschäfte*« - Band 03
»*Das Meer schweigt ...*« - Band 04
»*Märchenhafte Morde*« - Band 05
»*Hinter verschlossenen Türen*« - Band 06
»*Teezeit*« - Band 07
»*Wer erschoss den Weihnachtsmann?*« - Band 08
»*Hannah – Vergessene Gräber*« - Band 09

Die Eva Sturm Krimi-Reihe

Verliebt ... Verlobt ... Verdächtig - Band 01
Justitias Schwäche - Band 02
Bitterer Todesengel - Band 03
Blaues Blut - Band 04
Stille Angst - Band 05 *(hierbei handelt es sich um ein Overcross-Special mit den drei Ermittlerteams von Moa Graven, die einen Fall auf Borkum lösen)*
Schiffbruch - Band 06
Auf dich wartet der Tod - Band 07
7 Tage Regen - Band 08

Der Adler Joachim Stein Krimi-Reihe

»Der Adler – LaLeLu ... und tot bist du« Band 01
»Der Adler – KALT« Band 02

Alle Bücher sind als Taschenbuch oder eBook
erhältlich!